LES AVIS

D'UNE

MERE INFORTUNÉE

A SES FILLES.

LES AVIS

D'UNE

MERE INFORTUNÉE

A SES FILLES.

OUVRAGE nouvellement traduit de l'Anglois, & intéressant pour les jeunes Demoiselles destinées à entrer dans le monde. Suivi de FABLES MORALES, aussi traduites de l'Anglois.

A LONDRES

& se trouve, A PARIS,

Chez SERVIERE, Libraire, rue Saint-Jean-de-Beauvais.

M.DCC.LXXXVI.

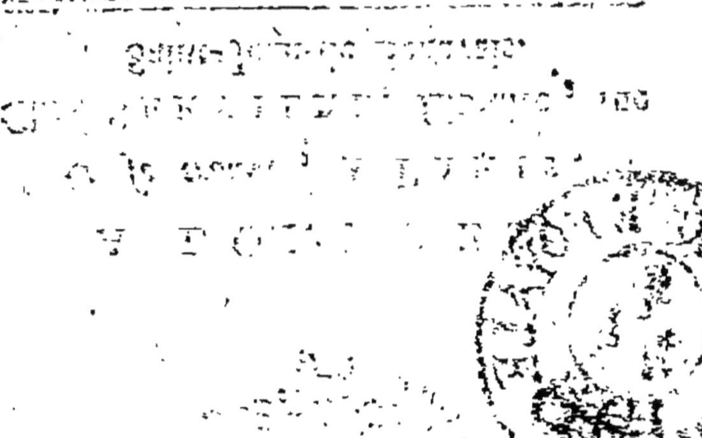

LES AVIS

D'UNE MERE INFORTUNÉE

A SES FILLES,

Dans une Lettre à Miss Pennington.

MA CHERE JENNY,

S'il y avoit eu la moindre probabilité qu'on vous eût remis ma lettre directement, je n'aurois pas choisi le moyen que j'emploie pour vous la faire parvenir. Le public ne s'intéresse point aux affaires de famille, & on ne doit point lui en faire part; mais les circonstances sont telles, que je me vois dans la nécessité, ou de communiquer mes sentimens à tout le monde, ou de vous les laisser ignorer. En suivant ce dernier parti, je manquerois au devoir le plus

A

indispensable ; ce qui m'oblige à prendre le premier, malgré ses inconvéniens.

Myladi Pennington fait à ses enfans le détail de sa conduite pendant sa jeunesse.

Des circonstances multipliées d'un genre fort extraordinaire, ont conspiré pour vous éloigner de bonne-heure d'une mere affectionnée, & vous priver de ses tendres soins. Vous étiez alors trop jeune pour être capable de juger convenablement de sa conduite ; &, depuis ce tems, il est très-probable qu'on vous l'a représentée sous le jour le plus défavorable. Je n'ai jamais fait aucun effort pour dissiper le préjugé général qui étoit contre moi ; mes tentatives & mes soins à ce sujet auroient été inutiles.

Ce qu'elle pense de l'opinion publique.

Je ne prétends pas conclure de-là que l'opinion des autres est de peu d'impor-tance ; au contraire, je vous conseillerai toujours de bien graver dans votre mémoire, qu'après le sentiment intérieur d'une bonne action, l'opinion publique est ce qu'on doit le plus considérer, & qu'il faut tâcher de l'assurer en sa faveur, même dans les plus petites circonstances. J'ai été malheureusement élevée dans des principes différents. On m'avoit inspiré dès l'enfance que la vertu est la seule chose nécessaire, & que sans elle on ne peut espérer de bonheur, ni dans cet état présent d'existence, ni dans aucun autre quelconque. Mais, avec ce bon principe, on avoit en même-tems inculqué cette erreur : Que le sentiment intérieur d'approbation que la vertu fait naître étoit suffisant ; & qu'une personne, dont les actions étoient guidées par le motif supérieur d'obéissance à la volonté du ciel, devoit mépriser la censure d'un monde naturellement méchant, & toujours prêt à calomnier quand il ne trouvoit point à médire. Cette idée profondément enracinée avant que

A ij

(4)

la raifon eût affez de force pour en découvrir la fauffeté, occafionna une conduite peu fage & peu refervée dans le cours fuivant de ma vie; ce qui donna une idée défavantageufe de mon caractere. Je vous parle avec la plus grande fincérité, & je ne vous déguiferai aucune faute dont la connoiffance pourra vous être de quelque utilité. C'eft pourquoi je vous avoûrai franchement que dans mes plus jeunes années, fatisfaite de me tenir ftrictement dans les bornes de la vertu, je pris follement plaifir à franchir celles de la prudence; & guidée par une vanité ridicule, je m'abandonnai à une maniere de vivre fi libre & fi licencieufe, que toute autre perfonne de mon âge en auroit été effrayée. Il faut cependant, pour me rendre juftice, vous déclarer en même-tems que ce n'étoit que dans les fociétés publiques que j'affichois cette extrême liberté. J'étois d'ailleurs fi attentive pour éviter tout ce qui auroit pu don-

(5)

ner lieu à une cenfure méritée, que je
prends le ciel à témoin que votre pere
eft le premier homme avec qui j'ai
jamais eu quelque rendez-vous particulier, ou que j'ai rencontré feul dans
une chambre : encore cela n'eft-il arri-
vé, qu'après que l'engagement mutuel le
plus folemnel, je veux dire le mariage,
nous a eu joint l'un à l'autre. Ma conduite alors étoit telle, comme il me l'a
avoué depuis plufieurs fois, qu'il étoit
pleinement convaincu, que non-feula-
ment je n'étois coupable d'aucune action criminelle, mais même d'aucune
penfée vicieufe ; que la liberté extérieure
de ma conduite provenoit feulement
d'une grande gaiété d'humeur & d'une
grande vivacité d'efprit ; & que jamais
je n'avois donné atteinte aux regles
étroites de la bienféance, (c'étoient fes
propres termes). Pour réfumer le tout
en peu de mots, ma conduite parti-
culiére étoit telle, que la prude la plus
févére n'auroit pû la condamner; celle
au contraire que je tenois en public,

A iij

auroit à peine été hasardée par la coquette la plus décidée. La derniere seule
étoit connue dans le monde, & de-là
conséquemment est venue l'opinion générale qui, comme vous le jugerez aisément, ne m'est pas favorable. Ce
préjugé universel n'a que trop accrédi-
té les malicieuses faussetés répandues
contre moi, Pour cette raison, convaincue par une longue expérience,
que la plus grande partie des hommes
est si propre à recevoir & si disposée
à retenir une mauvaise impression, que
quand ces préventions sont une fois
établies, il est presque impossible pendant toute la vie de les détruire; j'ai
pendant quelques années acquiescée
tacitement aux volontés de la providence sans tenter aucun moyen pour
ma justification. Connoissant intérieu-
rement que les traits infâmes qu'on
avoit publiés sur ma conduite, n'a-
voient point la vérité pour fondement;
je suis demeurée contente dans la certitude d'être ouvertement & entiérement

reconnue innocente de toute action criminelle , & même de toute difpofition
vicieufe , à ce grand jour où toutes
chofes paroîtront comme elles font réellement, & où les actions & leurs motifs les plus fecrets feront manifeftés
aux hommes & aux anges. Si votre
pere avoit été du nombre de ceux qui
étoient trompés par les apparences , j'aurois crû qu'il étoit de mon devoir d'employer tous les moyens pour me juftifier
dans fon efprit ; mais il en étoit bien éloigné. Il fait que la plupart des apparences
qui indifpofoient les efprits contre moi,
non - feulement m'étoient fuggérées
par lui-même , mais bien plus expref-
fement ordonnées. (Quoique contraires
à la raifon & à mon propre intérêt ,
je fus affez foible pendant plus de douze
ans pour ne pas les changer.) Il fait,
dis-je, que même depuis notre féparation, par ménagement pour lui-même,
je continuai pendant quelque tems d'a-
gir comme auparavant, & que le public ignorant ces motifs fecrets me fit

un crime de ma conduite. C'eſt à votre
pere, lui-même, que j'en appelle de
la vérité de cette aſſertion; il eſt parfaitement inſtruit des détails que je vais
ci-après voūs expoſer. Connoiſſant à
fond mes principes & mes inclinations
naturelles; ſon cœur, j'en ſuis convaincu, ne m'a jamais condamné.

*Motifs de ſa ſéparation d'avec ſon
mari.*

Mon pere ayant jugé à propos de
me donner une fortune indépendante,
il en fut grandement irrité, & s'ima-
gina que j'avois contribué à cet arran-
gement, ou du moins que j'en avois
été prévenue. Par-là, il fut expoſé aux
artifices des hommes mal-intentionnés,
qui, n'ayant que leur propre intérêt
en vue, lui firent naître d'abord des
idées de vengeance, & bien-tôt après,
ſur des circonſtances probables, l'enga-
gerent à faire une accuſation publique;
quoiqu'elle ne fût appuyée que du ſimple témoignage d'une perſonne dont la

fauſſeté connue lui avoit fait mille fois déclarer, qu'il n'ajouteroit pas foi à ſon ſerment, même dans l'affaire la moins importante. Auſſi quand il eut perdu l'eſpoir d'obtenir cette abondance de preuves dont on l'avoit flatté, il auroit voulu ſe départir de l'accuſation; mais il étoit trop tard pour réculer. Telle eſt, je crois ſincérement, la vérité de cette affaire : quoique je connoiſſe trop bien ſon caractere opiniâtre pour attendre de lui une juſtification préſente ; mais quand il touchera aux portes de l'éternité, ſi la raiſon reprend ſes droits en ce moment terrible, & ſi la religion à quelque pouvoir ſur ſon cœur, je ne doute pas qu'alors il ne me juſtifie dans l'eſprit de ſes enfans, & qu'il n'avoue que nulle partie de ma conduite envers lui ne méritoit le traitement que j'ai ſouffert. . . . . Je ſuis fâchée d'être dans la néceſſité de faire remarquer dans la conduite d'un autre, des fautes dont il s'eſt peut-être repenti depuis long-tems, & qui doivent d'autant plus être

condamnées à l'oubli, qu'elles sont par-
données sincérement. Le ciel m'est témoin que bien loin de conserver contre votre pere quelque ressentiment dans
mon cœur, il n'est personne au monde à qui je souhaite plus de bien, où
à qui je rendrois plus volontiers tous
les services qui dépendent de moi. Les
injures que j'ai souffert, si je n'avois
point d'enfans, seroient, sans murmurer,
ensévelies dans un silence profond jusqu'au grand jour de rétribution. Mais
comme un tel silence pourroit fixer de
fausses impressions dans votre esprit,
& dans celui de vos freres & sœurs;
mon devoir & la justice me commandent, tant par rapport à vous, que par
rapport à eux, & à moi-même, de les
détruire autant qu'il est possible. Dans
ce dessein il sera nécessaire de mettre
au jour l'histoire circonstanciée de ma
vie pendant près de quinze ans. Vous
y verrez des événemens d'une nature
si peu commune, qu'ils seront à peine
croyables : & je suis convaincue qu'ils

détruiront parfaitement dans votre opinion les fausses imputations dont on
me noircit aujourd'hui. Ils vous prou-
veront, presque à la démonstration, la
vraie cause de ces procédés contre moi,
qu'on couvroit de prétendus motifs aussi
injurieux à ma réputation qu'ils étoient
faux en eux-mêmes. Mais cela doit
être différé pour quelque tems. Vous
êtes encore trop jeune pour connoître
des choses de cette espèce & pour en
juger convenablement. Lorsque, quelques années de plus, en murissant votre
jugement, auront levés cet obstacle,
vous serez informée de l'exacte vérité
sans déguisement ou partialité. Suspendez donc encore votre opinion sur tout
ce que vous avez pu entendre dire de
moi, & attendez la connoissance de
ces faits, que mes lettres vous dévelop-
peront par la suite pour votre instruc-
tion.

J'ai cru qu'il étoit nécessaire de vous
dire auparavant toutes ces choses, quoiqu'étrangères au but de cette lettre

qui eſt, de vous faire ſouvenir que vous avez une mere jalouſe de votre bonheur, & de vous donner quelques avis par rapport à votre maniere de vivre dans le monde. Si vous faites attention au petit nombre de préceptes qui y ſont renfermées, ils ſuppléeront, du mieux qu'il m'eſt poſſible, à la privation des ſoins aſſidus de la mere la plus tendre. L'adreſſe de cette lettre eſt à vous en particulier, vos ſœurs étant encore trop jeunes pour la recevoir ; mais mon intention eſt qu'elle ſerve également à vous tous.

Tableau du monde.

Vous êtes ſur le point, ma chere fille, d'entrer dans un monde plein d'impoſture & de fourberie ; où rarement les perſonnes & les choſes paroiſſent comme elles ſont dans la réalité. Le vice cache ſa difformité ſous le maſque de la vertu ; & quoiqu'il ſoit poſſible de le diſcerner, il y en a mille qui ne le découvrent pas. Chaque plaiſir

préſent

préfent ufurpe le nom de bonheur, &
comme tel, trompe l'infatigable pour-
fuivant. Ainfi un mafque général dé-
guife toute chofe; & ce n'eft qu'à l'aide
d'une longue expérience & d'un jugement pénétrant, qu'on peut découvrir
la vérité. Heureux! trois fois heureux!
ceux dont le caractère docile met à
profit les inftructions d'un âge plus
mûr, & qui par là acquiérent quelque
dégré de cette fcience néceffaire qui
doit leur fervir principalement à bien
diriger leur conduite.

Le tour que votre efprit va prendre
décide du bonheur ou du malheur de
toute votre vie; & je fuis de trop près
intéreffée à votre bien-être pour ne
pas apporter tous mes foins à ce que
vous preniez de bonne-heure pour guide,
une façon de penfer faine & jufte, qui
produira une conduite prudente & raifonnable, & vous affurera une félicité conftante. Vous aviez affez d'années avant notre féparation pour me
convaincre que le ciel ne vous avoit

pas refufé un bon jugement, qui étant cultivé avec foin, vous mettra au-deffus de ces difpofitions frivoles, fi communes aux femmes; qui rendent la jeuneffe ridicule, l'âge mûr fans caractère, & la vieilleffe méprifable. Il eft donc néceffaire de s'étendre fur ce fujet, puifqu'un bon jugement eft notre meilleur guide, & que fans lui, tous les avis & toutes les inftructions feroient auffi inutiles, que les moyens qu'on donneroit à un imbécile pour ne pas agir follement.

Des devoirs de la Religion.

Il n'y a pas lieu de douter qu'on ne prenne tous les foins fuffifans pour vous donner une éducation honnête & convenable à votre rang : mais une éducation réligieufe eft de bien plus grande importance. Si la premiere eft néceffaire pour vous faire paroître dans le monde comme il convient, & pour y être bien accueillie, la derniere l'eft bien d'avantage, comme étant feule

(15)

capable de vous aſſurer l'approbation
du plus grand & du meilleur des Etres,
de la faveur duquel dépend votre bonheur éternel. Que votre devoir envers
Dieu ſoit toujours le premier & le
principal objet de vos ſoins. Comme
votre Créateur & votre maître, il
demande adoration & obéiſſance : comme votre pere & votre ami, reſpect
& affection. Souvenez-vous que de ce
commun Pere de l'univers, vous avez
reçu la vie; qu'à ſa providence générale vous en devez la continuation;
& à ſa bonté; la ſanté, le plaiſir, les
avantages ou les jouiſſances qui rendent cette vie agréable. Un ſentiment
de bienfaits reçus inſpire naturellement
un mouvement de tendreſſe & de ſenſi-
bilité, avec le deſir d'y répondre d'une
maniere convenable. Tout ce que nous
pouvons faire pour les faveurs innom-
brables dont nous ſommes comblés à
chaque moment eſt, de remercier &
d'obéir. Soyez attentive à ces préceptes, & mettez-les à exécution.

Faites-vous une regle invariable de commencer & de finir la journée par une élevation solemnelle vers Dieu. Je n'entends pas par-là ce qu'on appelle communément, dire des prieres; c'est-à-dire, faire une répétition habituelle de quelques mots, bons en eux-mêmes, mais prononcés sans dévotion & sans attention : rien n'est plus condamnable ni plus outrageant. C'est le feul hommage du cœur qni peut être accueilli. Nous devons exprimer à Dieu notre dépendance abfolue & notre entiere réfignation, le remercier des bienfaits déjà reçus, lui demander ces biens qui nous font préparés dans une autre vie, & réclamer fes bontés pour tout le monde, Voilà ce qui compofe la principale partie de ce devoir qui peut être renfermé en très-peu de mots, ou prolongé fuivant le tems ou la difpofition : car, ce n'eft pas la longueur, mais la fincérité & l'attention dans nos priéres qui les rendent efficaces. Un bon cœur, joint à une intelligence médiocre,

manquera rarement de mots propres
pour exprimer fes fentimens ; & il eft
raifonnable de fuppofer que toute perfonne , connoiffant mieux fon propre
état , eft bien plus capable d'y adap-
ter fes demandes & fes expreffions de
réconnoiffance : quant à ceux qui feroient d'une opinion différente , il y a
plufieurs excellentes formes de prieres
déjà compofées, parmi lefquelles je n'en
connois pas qui foient comparables à
celles de D. Hoadley , aujourd'hui Evê-
que de Vinchefter, dont je vous re-
commande l'ufage fréquent. Vous trouverez dans la préface de ce livre de
meilleures inftructions fur ce fujet,
que je ne fuis capable de vous en donner,
& je vous y renvoye.

Il eft certain que nos prieres ne fauroient en aucun dégré changer les inten-
tions d'un Etre qui eft en lui-même invariable. Tout ce qu'on peut en attendre,
c'eft qu'en nous rendant meilleurs,
elles nous rendent en même tems plus
dignes de fes regards favorables. Cela

doit néceſſairement réſulter de la pratique conſtante, reguliére & attentive
de cette partie de notre devoir ; car,
en offrant au ciel nos prieres ferventes
chaque matin & chaque ſoir., il eſt
preſque impoſſible que ce pieux exercice ne laiſſe dans nos eſprits des im-
preſſions utiles, qui nous diſpoſeront
naturellement à une obéiſſance prompte
& exacte , & nous inſpireront une tendre frayeur du péché ; (ce qui eſt la
meilleure caution que la vertu puiſſe
avoir ;) c'eſt pourquoi, ſi vous cherchez
véritablement votre propre bonheur ,
ne vous laiſſez jamais entraîner par la
force des mauvais exemples dans un
oubli habituel de prieres ſecretes.; ou
qu'une négligence impardonnable ne
vous domine jamais au point d'être
ſatisfaite d'une répétition habituelle de
quelques mots choiſis, faite ſans attention & dans la même forme. Que votre
cœur & votre attention répoſent toujours ſur vos levres ; l'expérience vous
convaincra bientôt que la permiſſion

de s'adresser ainsi à l'Etre-Suprême, est la plus belle prérogative de la nature humaine, le principal & même le seul support que nous ayons dans les maux qui assiégent continuellement cet état de péché & de misere : c'est la satisfaction raisonnable, la plus haute que l'esprit puisse goûter dans ce séjour, & le meilleur préparatif pour le bonheur éternel qui est au-delà. C'est un devoir que vous êtes toujours à portée de remplir ; & c'est pourquoi l'omission seule vous rendra coupable. On ne peut pas toujours adorer Dieu publiquement, mais quoiqu'il en soit, ne manquez jamais volontairement le service de l'Eglise au moins le Dimanche, & que votre maniere d'être, soit conforme à la solemnité du lieu & à l'intention qui vous y conduit. Ne regardez jamais les actions ni les habits des autres : ne laissez point errer vos yeux à la recherche des personnes de votre connoissance ; & tout le tems du service Divin, évitez autant qu'il est possible

les complimens de civilité dont il y a
trop grande alternative dans plusieurs
de nos Eglises. Souvenez-vous que votre
seule affaire dans ce lieu est d'adorer
solemnellement l'Etre tout-Puissant, &
que toute votre maniere d'être réponde
à ce grand dessein. Si vous entendez
un bon sermon, gardez-le comme un
tréfor dans votre mémoire, afin de pouvoir recueillir tout le bien qu'il est
capable de vous faire : s'il est médiocre,
il y a toujours quelques bons endroits
à retenir, & vous condamnerez le reste
à l'oubli. Ne vous moquez pas du prédi-
cateur, qui sans doute a fait de son
mieux, & mérite plutôt la compassion
que le mépris. Malheureusement il a
été placé dans un état qui est au-dessus
de ses talens, & quoique mauvais
orateur, il peut être homme de bien.

Je vous recommanderai aussi de par-
ticiper de bonne-heure & fréquemment
à la communion, parce que c'est le
devoir indispensable de chaque chrétien. Il n'y a point d'établissement de

notre religion plus simple, plus clair
& plus intelligible que celui-là, qui
nous a été expliqué par notre Sauveur
lui-même. Plusieurs ouvrages faits à ce
sujet depuis sa venue, n'ont servi qu'à
embarrasser & troubler les esprits foibles,
en jettant un voile épais de superstition,
& d'invention humaine sur un commandement clair & positif, qu'il nous a
donné d'une maniere si formelle, que
l'esprit le plus borné peut aisément le
comprendre; & il est certainement au
pouvoir de tout chrétien d'y obéir.
Rien n'a plus contribué au mépris de
ce devoir, que plusieurs livres qui pres-
crivent une préparation d'un mois ou
d'une semaine, comme préalablement
nécessaire pour s'en acquitter dignement. Par-là, on a effrayé les esprits,
on a ôté à plusieurs personnes le pouvoir de remplir cette obligation, &
le grand nombre s'est contenté de la
remplir une ou deux fois l'année à
quelque fête solemnelle. Cependant il
est certain que la coutume constante

des apôtres & des premiers chrétiens étoit de recevoir ce sacrement tous les Dimanches, & nous devons le recevoir, toutes les fois qu'il est administré dans l'Eglise que nous fréquentons, (ce qui n'arrive dans beaucoup d'endroits qu'une fois le mois). Je ne crois pas excusable en aucun tems d'abandonner la table que nous voyons préparée à ce dessein, sous prétexte que nous ne sommes pas en état de la partager dignement. La meilleure & la seule vraie préparation à ce devoir & à tous les autres de la religion, est une bonne & vertueuse vie. Par-là, l'esprit se conserve dans une telle habitude de dévotion, qu'il ne faut plus qu'un petit recueillement pour être en état de faire dans l'occasion quelque acte particulier d'adoration ou d'obéissance ; & sans cela, il ne peut y avoir d'erreur plus grande, ni plus funeste, que de supposer que quelques jours ou quelques semaines passés dans la retraite & dans la prière, nous rendent plus agréables à

Dieu, ou mieux difpofés à remplir un devoir fi important. Ce devoir eft indifpenfable à tous, pour être approuvé par l'Etre Suprême, & pour être avantageux à nous-mêmes. C'eft pourquoi je ne vous confeillerai point de lire quelqu'une de ces préparations journalieres, qui font capables de guider l'efprit dans l'erreur, en lui apprenant à demeurer dans une ombre de piété qui raifonnablement n'eft pas fuffifante. Le meilleur livre que j'ai encore rencontré fur ce fujet, eft un ouvrage de l'évêque de Vinchefter, qui a pour titre : *Recherches fimples fur la nature & l'objet du facrement de la communion.* ; (c'eft à ce livre que les priéres ci-deffus mentionnées font jointes.) Il mérite bien d'être lû avec attention. Le but de l'inftitution de ce facrement y eft parfaitement expliqué, & il eft auffi bien écrit que penfé. Il eft dépouillé de tous ces voiles myftérieux qu'on y avoit répandus artificieufement pour tromper les hommes ; & il eft à la portée de tout le monde , lisez cet ouvrage avec la plus grande attention : vous y trouverez toutes les instructions nécessaires concernant les rites de l'Eglise, & tous les motifs raisonnables pour les accomplir scrupuleusement & avec constance. La pratique sincere de ces devoirs de la religion nous acquite tout naturellement de ceux de la société qui peuvent tous être compris dans cette regle générale : faites aux autres ce que vous voudriez qui vous fût fait.— Mais nous en parlerons dans la suite : je vous donnerai d'abord mes avis concernant l'emploi du tems ; car, il est de la plus grande importance de suivre une certaine méthode dans la vie, qui puisse être avantageuse à vous-même & aux autres.

De l'emploi du tems.

Le tems est inappréciable, & sa perte ne peut se réparer. Le souvenir d'en avoir fait un mauvais usage , doit être un des tourmens les plus aigus pour ceux

qui

qui font aux portes de l'éternité. Et en effet, quelles réflexions accablantes ne doit pas produire le fouvenir des années entieres qu'on a paffées dans l'oifiveté & le défordre ; malheureufement nous n'en voyons tous les jours que trop d'exemples. Confidérez chaque jour comme une feuille de papier blanc qu'on a mife dans vos mains pour être remplie ; fouvenez-vous que les caracteres fub- fifteront jufqu'aux fiecles les plus recu- lés, & ne feront jamais effacés. C'eft pourquoi, ayez toujours foin de n'écrire fur ce papier que ce que vous y pour- riez lire avec plaifir mille ans après. Je ne pouffe cependant pas la févérité, jufqu'a vouloir vous priver de quelque plaifirs innocens, convenables à votre âge, & analogues à votre inclination. Les divertiffemens bien réglés font non-feulement permis, mais même ils font abfolument néceffaires à la jeuneffe. Ils ne deviennent criminels, que quand ils font pris à l'excès ; c'eft-à-dire, lorfqu'ils s'emparent de toute notre penfée, qu'on

en fait la principale affaire de la vie, &
qu'ils nous dégoûtent de toute autre
occupation utile ; & enfin lorsque, par
une forte d'enivrement, ils laiffent l'efprit dans un état violent d'impatience
d'en achever un pour en commencer un
autre. Telle eft la malheureufe difpofition de bien des gens ; mettez tous vos
foins pour vous en préferver, car rien
ne peut attirer des fuites plus perni-
cieufes. Un peu d'obfervation vous convaincra que parmi l'efpece humaine,
il n'y a pas d'êtres plus miférables, que
ceux qui ne fauroient vivre fans une
fucceffion conftante de divertiffemens.
Ces fortes de perfonnes n'ont aucune
idée des plaifirs bien plus fatisfaifans
qu'on goûte dans la retraite, ils font
incapables de réfléchir un moment, &
conféquemment la folitude doit leur
être infupportable. Ils font à charge à
eux-mêmes & à tous ceux qu'ils connoiffent, car ils cherchent en vain le
bonheur dans la fociété où ils font
rarement agréables. Je dis en vain, car

le vrai bonheur n'exiſte que dans le
cœur, rien au dehors ne peut le procurer. Le plus grand qu'on puiſſe obtenir, par ce qu'on appelle une vie
agreable, eſt un oubli momentané des
miſeres de la vie, qui ſera ſuivi de
chagrins ſans nombre dans tous les
intervales de réflexion. Ce caractere
inquiet & turbulent eſt ſouvent le fruit
d'une pourſuite trop ardente du plaiſir
dans les premiers tems de la vie, &
du mépris de ces occupations précieuſes
qui auroient poſés les fondemens d'une
félicité plus réelle & plus durable. La
jeuneſſe eſt la ſaiſon des plaiſirs; mais
c'eſt auſſi la ſaiſon d'acquérir des connoiſſances, de fixer des habitudes utiles,
& de faire un magaſin de matériaux
bien choiſis qui procureront un bonheur
tranquille & ſerein. Ce bonheur augmentera avec l'âge, & fleurira dans la
plus grande perfection juſqu'au declin
de la vie. Le grand art de l'éducation
conſiſte à aſſigner à chaque occupation,
ſa propre place, de maniere que l'une

ne devienne jamais fatigante en empiétant sur l'autre.

Notre féparation m'ayant empêchée de remplir la tâche agréable de votre éducation, & n'ayant pu réunir de mon mieux tout ce qui auroit pu tourner à la fois à votre avantage & à votre plaifir, il ne me refte plus qu'à vous donner des regles générales, que les événemens forceront quelquefois de changer. — Cela doit être laiffé à votre prudence, & je fuis convaincue que vous avez une portion fuffifante de jugement pour être très-capable de vous conduire dans l'occafion, de la maniere la plus raifonnable.

Des occupations utiles.

C'eft une excellente méthode d'employer toute la matinée à l'étude; le foir on peut fe permettre des divertiffemens. J'entends par divertiffemens, les vifites de fociétés, les lectures intéreffantes & les ouvrages agréables de l'Aiguille;

aussi bien que les jeux, les bals, les cartes, &c, que cette dénomination regarde plus communément. Depuis le dîner jusqu'au souper, vous employerez ainsi votre tems d'une maniere variée & raisonnable : mais ne souffrez jamais qu'aucun de ces divertissemens prenne place dans la premiere partie du jour qui doit être entiérement consacrée aux occupations utiles Une demi-heure avant, ou immédiatement après le déjeûner, je voudrois que vous fissiez constamment une lecture attentive, de quelque auteur d'une piété raisonnable, ou de quelque partie du nouveau testament. Vous devez connoître parfaitement ce dernier ouvrage, qui est en effet toute l'Ecriture Sainte, & qui est la base de votre religion. Vous rétirerez un profit plus réel de cette pratique, qu'on ne peut le supposer, quand on n'en a jamais fait l'expérience.

Les autres heures peuvent être partagées entre ces connoissances nécessaires & agréables qui conviennent à votre âge, à votre sexe & à votre rang dans la société. Etudiez à fond votre langue, afin de pouvoir la parler & l'écrire correctement. Ne vous contentez pas de l'usage commun des mots que vous avez appris dès le berceau ; mais sachez d'où ils sont dérivés & quelle est leur propre signification. Vous devez savoir le françois aussi bien que l'anglois ; & vous pourrez y joindre l'italien sans beaucoup de difficulté. Acquérez une bonne connoissance de l'histoire, celle de votre propre pays d'abord ; & puis celle des autres nations de l'Europe. Lisez la, non dans la vue de vous amuser, mais pour améliorer votre esprit : & d'après ce but, faites, sur ce que vous avez lu, des réflexions qui puissent être utiles à vous-même, & rendre votre conversation agréable aux autres. Apprennez la géographie, afin de vous former une juste idée des lieux dont il est parlé dans l'histoire ; par-là l'histoire, elle-même, vous intéressera davantage. Il vous est nécessaire de

favoir parfaitement les quatres premieres
regles de l'arithmétique ; vous n'aurez
jamais befoin d'en favoir davantage,
& l'efprit ne doit pas être furchargé
d'une application inutile. La mufique
& le deffin font des arts parfaits qui
méritent bien la peine d'être cultivés
avec foin, fi votre goût ou votre génie
vous portent à l'un ou à l'autre; fi-non
ne les entreprenez point: car·vous ne
ferez que prodiguer inutilement beaucoup de tems. & de travail, étant impoffible d'arriver à quelque dégré de
perfection dans ces arts, par la feule
force de la perfévérance, fi l'on n'a pas
une bonne oreille & un génie naturel.
L'étude de la philofophie naturelle vous
paroîtra, tout-à-la fois, agréable &
inftructive : agréable, par les nouvelles
découvertes que vous ferez continuellement. des beautés variées, & fans
nombre de la nature (le defir de cette
connoiffance fi précieufe a été fagement
enraciné dans l'efprit humain) & inf-
tructives, parce que ces découvertes

menent à la contemplation du grand auteur de la nature, dont la sagesse & la bonté brillent si manifestement dans tous ses ouvrages, qu'il est impossible d'y réflechir sérieusement sans admiration & réconnoissance.

Quoiqu'il y ait, ma chere fille, beaucoup d'autres études capables d'orner & d'améliorer l'esprit, je ne vous recommanderai que celles-là. Ce n'est pas qu'il y ait quelque espece de connoissance au-dessus de votre capacité, au contraire, vous avez une facilité pour apprendre à laquelle je pense qu'il ne faut pas trop vous livrer. On a objecté, contre toute femme qui sait plus que l'économie domestique, que cela tend seulement à remplir l'esprit du sexe d'une vanité ridicule. Cette vanité emporte les femmes au-delà de leurs propres occupations, occasionne une indifférence, si ce n'est un oubli total de leurs affaires de famille, & ne sert qu'à les rendre des épouses inutiles & des compagnes impertinentes. Il faut avouer

que quelques femmes favantes n'ont
que trop donné matiere à cette objec-
tion, & que fi l'on pouvoit prouver
que la fcience produit conftamment le
même effet dans tout le fexe, il feroit
certainement très-raifonnable de borner
les talens d'une femme aux fimples
détails domeftiques, tels que ceux de
nourrir fes enfans, de regler la dépenfe
de la table, &c. Mais, en réfléchiffant,
on verra, je crois, que des conféquences auffi mauvaifes procédent principalement d'une trop grande imbécillité
d'efprit pour être capable de beaucoup
d'accroiffement, ou d'une pure affectation de fcience vuide de toute réalité.
La vanité n'eft jamais le réfultat du
vrai favoir. Une femme fenfée fera
bientôt convaincue que toute la fcience
qu'elle a acquife avec la plus grande
application, fera, par la différence de
l'éducation, inférieure de beaucoup de
dégrés à celle d'un étudiant de l'uni-
verfité. Cette reflexion la maintiendra
toujours dans la modeftie, & fera un

frein puiſſant a cette loquacité qui rend, quelques femmes inſupportables dans la ſociété.

Devoirs des femmes.

Le maniement de toutes les affaires domeſtiques eſt certainement la propre occupation des femmes ; & quoiqu'une telle aſſertion paroiſſe groſſiere & contraire à la mode, il n'eſt certainement pas au-deſſous de la dignité d'une femme, quelque haut que ſoit ſon rang, de ſavoir élever ſes enfans, gouverner ſes domeſtiques, ordonner une table élégante avec économie, & conduire toute ſa maiſon avec prudence, régularité & méthode. Si elle manque dans un de ces points, quelques ſoient ſes progrès dans toute autre ſorte de connoiſſance, elle ſort de ſon caractere ; & en ne ſe montrant pas dans ſa propre ſphere, elle devient plutôt l'objet du ridicule que de l'approbation ; mais je crois qu'on peut affirmer avec vérité, que la négligence de ces devoirs domeſtiques a moins ſouvent pour cauſe, un trop grand attachement pour les connoiſſançes qui ornent l'eſprit ; qu'un amour exceſſif de diſſipation, une paſ-ſion ridicule pour l'habillement & la parure, ou un faux orgueil qui leur fait regarder tous ces détails, comme convenables ſeulement à des eſclaves & au-deſſous de l'attention d'une femme élégante. De quelque cauſe qu'une telle négligence provienne, il eſt également impoſſible de l'excuſer. Si quelque choſe peut juſtifier une coutume incon-nue à nos ancêtres, que la force de la mode a rendu ſi générale parmi les fem-mes modernes, je veux dire celle de confier à différens ſerviteurs, le ſeul maniement de leurs affaires de famille; on ne peut certainement pas excuſer l'ignorance dans les choſes de cette nature, quand elle eſt pouſſée au point de rendre une femme incapable de donner des ordres directs dans la moin-dre occaſion. Cette ignorance extréme la rendra mépriſable, même à ces ſer-viteurs, ſur l'intelligence & la fidélité,

desquels elle se repose & dont elle dépend, pour la régularité de sa maison,
la propreté, l'élégance & la frugalité
de sa table; ce dernier article est rarement considéré par ces sortes de gens,
qui trop fréquemment en imposent à
ceux qui se fient aveuglement à eux:
c'est pourquoi, connoissez bien à fond
les moyens les plus convenables pour
conduire une maison, & la dépense nécessaire que chaque article doit occa-
sionner en proportion de leur nombre,
afin de pouvoir acquérir une certitude
raisonnable de n'être jamais grossiére-
ment trompée, sans toutefois vous
faire une occupation basse & ridicule
de suivre vos domestiques, & de les
épier dans chaque coin obscur de votre
maison. Rien n'est moins difficile
à acquérir, que cette connoissance qui
n'exige qu'une observation exacte &
attentive. Depuis peu, l'usage s'est établi dans plusieurs grandes maisons,
de retarder les paiemens des ouvriers
& des marchands : sans en chercher

la

la raifon qui eft étrangere à mon but ;
il eft certain qu'en général il vaudroit
mieux, tant pour les marchands que
pour les acheteurs, que cela ne fût pas
ainfi. Et quelle difficulté ou quel inconvénient peut-il y avoir dans une
maifon bien réglée, d'établir un intendant, ou un homme d'affaire, pour
payer chaque chofe au moment de l'a-
chat. Cette ancienne pratique (quoiqu'en elle-même très-louable) n'eft point
à préfent & ne fera peut-être jamais
autorifée par la mode. Quoi qu'il en
foit, faites-vous une regle de contracter le moins de dettes poffibles. On ache-
te beaucoup de chofes, meilleures dans
leur efpece & à plus bas prix, en les
payant au moment de l'achat. Mais
fi pour éviter l'embarras fuppofé des fréquens petits débourfemens, vous aimez
mieux raffembler les plus petites dé-
penfes dans un régiftre, faites une note
de la quantité & du prix à chaque article ; travaillez ces notes & comparez-
les. Que tous les mémoires foient payés.

D

réguliérement chaque quartier ; car il n'eſt pas raiſonnable d'attendre qu'un marchand vous accorde un plus long crédit , ſans lui rendre l'intérêt de ſon argent , qu'il a avancé pour acheter ce qu'il vous vend : & ſi vous vous trouvez gênée en payant à la fin des trois mois , ſoyez ſûre que cet inconvénient a pour cauſe votre trop grande dépenſe , qu'il augmentera conſéquemment dans ſix mois & deviendra encore plus grand à la fin de l'année. En faiſant des paiemens à délai court , cette erreur vous paroîtra bientôt ſenſible & vous aurez d'abord plus de facilités pour retrancher quelques ſuperfluités , qu'après y avoir été long-tems habituée.

Comment elles doivent ſe conduire dans l'intérieur de leur maiſon.

Si votre maiſon eſt gouvernée par un intendant auquel les autres domeſtiques ſoient comptables , qu'il vous rende compte auſſi à ſon tour & qu'il dépende

entiérement de vous. Examinez soi-
gneusement ses comptes & ne laissez
passer aucun article qui ne soit bien
clair. Faites-vous remettre ces régistres
chaque matin ; par-là vous rassemble-
rez aisément ce qu'ils contiennent sans
fatiguer votre mémoire ; vos comptes
étant courts, seront reglés avec moins
d'embarras & plus d'exactitude. Si vous
avez quelque domestique dont la famille & l'éducation soient supérieurs à
cet état de dépendance où le malheur
l'a réduit, vous devez le traiter avec
une indulgence particuliere. S'il a assez
d'intelligence pour qu'on puisse con-
verser avec lui, & assez de reserve
pour garder toujours le maintien qu'il
doit avoir vis-à-vis de vous, évitez
autant qu'il est possible tout ce qui pourroit lui rappeller le triste souvenir de
son ancien état ; regardez-le comme
un ami soumis, & souffrez dans l'occasion qu'il vous fasse, pour ainsi dire,
compagnie. Mais ne vous abaissez jamais à vous entretenir avec ceux qui

par leur naissance, leur éducation &
les-premiers momens de leur vie, ne
sont point supérieurs à l'état de servitude. Leurs esprits assortissent à leur condition, & ennivrés de la moindre fa-
miliarité, ils deviennent paresseux &
impertinens. L'habitude que beaucoup
de dames ont contracté de parler avec
leurs femmes-de-chambres & de les con-
sulter, a tellement gâtée cette espèce
de domestiques, qu'on en rencontre
peu qui ne commencent leur service,
par vous dire, sans que vous leur de-
mandiez, quelle est leur opinion sur
votre personne, votre habillement, ou
la conduite intérieure de votre maison:
& cette opinion est toujours adroitement
accompagnée de la flatterie, qui est
trop généralement bien accueillie. Si
cette première démarche est approuvée,
bientôt après elles vous offriront leur
ridicule avis, en toute occasion, pour
vous contrarier & vous chagriner. Arrêtez la première apparence d'une telle
impertinence par une réprimande assez

sévere pour en prévenir la répétition.
Donnez vos ordres d'une maniere simple & distincte, avec un bon naturel
joint à une fermeté qui montre qu'il
faut les exécuter ponctuellement. Traitez vos domestiques avec une telle douceur & affabilité que vous en soyez
servi plutôt par affection que par crainte;
qu'ils se trouvent heureux de dépendre
de vous. Donnez-leur du loisir pour
leurs propres affaires, du tems pour
des récréations innocentes & plus spé-
cialement pour assister au service public
de l'Eglise, sans quoi vous n'avez pas
droit d'attendre qu'ils s'acquitent envers vous de ce qu'ils vous doivent :
quand ils ont tort, dites-leur leurs
fautes avec douceur; s'ils ne se corri-
gent pas après deux ou trois répriman-
des, renvoyez-les; mais ne descendez
jamais aux reproches & aux emporte-
mens, car cela est imcompatible avec
un bon jugement & au-dessus de la
dignité d'une femme bien née. Soyez
très-exacte aux heures de votre lever,

de vos repas, &c. sans quoi il ne sauroit y avoir d'ordre dans votre maison. Exigez de vos domestiques la même exactitude, & ne contrevenez jamais aux regles que vous avez vous-même établies, en différant le déjeûner, en réculant le dîner ou le laissant réfroidir sur la table, pour attendre que vous soiez habillée ; coutume par laquelle beaucoup de femmes introduisent la confusion & font mépriser leurs ordres. Soyez toujours habillée au moins une demi-heure avant le dîner. Puisque je fais mention de cet article important, vous me permetrrez une petite digression à ce sujet.

De l'habillement & des modes.

Tout le tems qu'on employe à son ajustement, outre ce qui est nécessaire pour la décence & la propreté, doit être regardé, pour ne pas dire plus, comme un vuide dans la vie entiérement perdu. J'entends par habillement décent, un habillement convenable à

votre rang & à votre fortune. Une
parure déplacée, est contraire à l'un &
à l'autre, & sert moins d'ornement qu'elle
ne rend ridicule. Il est nécessaire de
condescendre à la mode, jusqu'à un
certain point, afin d'éviter l'affectation
& la singularité : mais suivre les modes
scrupuleusement & même celles qui sont
gênantes, c'est prouver indubitablement
qu'on a un petit esprit. Ayez une meilleure opinion de vous-même, que de
supposer que vous pouvez acquérir quelque mérite par une parure recherchée.
Abandonnez le soin de la toilette à celles
qui en font leur unique occupation;
j'entends à cette espece inutile de femmes, dont toute la vie depuis le berceau jusqu'au tombeau, n'est qu'une
scene variée de bagatelles & de niaiseries, & dont l'intelligence n'est capable
de rien au-delà. Il n'est permis qu'à ces
femmes de passer toute la matinée à leur
miroir, occupées à assortir une espece
de rubans, à accommoder des boucles ou
à déterminer la place d'une mouche

au visage ; ce qui est peut-être un des
moyens les plus innocens d'occuper leur
loisir. Mais, pour vous, prenez le moins
de tems qu'il vous sera possible pour vous
habiller. Soyez toujours parfaitement
propre dans votre personne & dans vos
habits, lorsque vous êtes seule ou en
compagnie. Regardez tout ce qui est
au-delà, comme inutile en soi ; les
distinctions qui existent dans l'habit
nécessaire, n'ayant été établies que pour
marquer les différences des rangs : &
souvenez-vous que ce n'est jamais l'habit, quelque magnifique qu'il soit, qui
renvoye de la dignité & de l'honneur
sur la personne ; c'est le rang & le
mérite de la personne qui donne de
la valeur à l'habit.

Mais pour en revenir à notre sujet,
c'est votre propre fermeté & votre exemple de régularité qui pourront seuls conserver un ordre constant dans votre
maison. Si par oubli ou inattention vous
souffrez quelquefois qu'on désobéisse
impunément à vos ordres ; vos domes-

tiques deviendront bientôt si négligens
que leurs fautes fréquentes feront naître en vous des mouvemens de colere,
qu'une conduite uniforme n'auroit jamais occafionnés. Ne foyez ni fantafque
ni capricieufe dans vos goûts ; approuvez avec jugement & condamnez
avec raifon ; qu'en agiffant avec droiture
on foit auffi sûr d'obtenir votre approbation, qu'on le fera d'encourir votre
mécontentement en faifant le contraire.
Tout ce que je viens de dire,
doit vous faire voir que pour remplir
vos devoirs domeftiques, il eft abfolument néceffaire que vous ayiez une
connoiffance parfaite de chaque bran-
che de l'économie du ménage, fans
quoi vous ne fauriez corriger ce qui
eft injufte, approuver ce qui ne l'eft
pas, ou donner des ordres quand il
convient. C'eft le manque de cette connoiffance qui réduit beaucoup de femmes à un état de grande confufion &
de défordre, au renvoi fubit du domeftique qui avoit le gouvernement de toute

la maison, jusqu'à ce que la place soit remplie par un autre d'une égale habileté. Combien une maîtresse de maison doit paroître ridicule & hors de sa place, lorsqu'elle est entiérement incapable de donner des ordres positifs dans une pareille occasion ! Ne vous mettez jamais dans ce cas-là. Souvenez-vous, ma chere fille, que c'est la seule propre occupation temporelle qui vous a été assignée par la providence ; & dans une chose si indispensablement nécessaire, si facile à acquérir & qui demande si peu d'étude ou d'application pour y parvenir au plus haut degré, le manque même de perfection est entiérement inexcusable, connoissez-en bien la théorie, afin de pouvoir plus aisément la mettre en pratique : & quand vous aurez une maison à gouverner, employez-y toujours tous vos soins & toute votre attention, & que tous les détails soient soumis à votre inspection. Si vous vous levez matin (j'espere que vous n'en avez pas perdu l'habitude depuis que vous n'êtes plus avec moi), ne prodiguez pas un tems inutile à votre habillement, & conduisez votre maison d'une maniere réguliere. Vous trouverez beaucoup d'heures vacantes non employées à cette occupation matérielle, vous ne pouvez mieux faire alors que de les consacrer à des études capables d'orner & d'améliorer votre esprit, d'autant mieux que ces occupations sont plus convenables à votre caractere & à votre inclination. Je ne crois pas qu'un homme de bon sens puisse penser, qu'avec une conduite ainsi reglée, une femme soit une compagne moins agréable & moins essentielle, une mete moins vigilante, ou une moins bonne maîtresse de maison pour toutes les connoissances qu'elle peut acquérir par son activité & son intelligence.

Le matin étant ainsi utilement employé, la derniere partie du jour, comme je l'ai déja dit, sera consacrée au repos & à l'amusement. Quelques-uns de ces amusemens pourront être très-agréables & utiles, tout-à-la-fois, en lifant de bons ouvrages; il y en a plufieurs, qui font en même tems pieux & inftructifs, dont je vous recommanderai la lecture.

Des Romans.

Ne vous donnez jamais la peine de lire les contes & les romans, quoiqu'il y en ait quelques-uns qui contiennent un peu de bonne morale, ils ne méritent pas d'être parcourus, étant entremêlés de chofes peu décentes; c'eft comme fi on cherchoit quelques petits diamans parmi des monceaux de boue & d'ordure; quand on les a trouvés ils ont trop peu de valeur pour dédommager des peines qu'ils ont coûtés. Quelques ridicules que foient généralement ces hiftoires feintes, elles font ménagées fi adroitement, qu'elles excitent une fotte curiofité de voir la conclufion: par ce moyen le lecteur arrive au milieu de mille événemens finguliers & ennuyeux par leur longueur, au dénoue-
ment

ment ordinaire, qui eft une noce, où une pompe funébre : cette connoiffance inutile n'apporte ni plaifir ni profit. Le meilleur que j'ai encore rencontré de ces fortes d'ouvrages, vaut un peu mieux à lire que de perdre fon tems à ne rien faire. Mais quelques-uns ont des conféquences plus dangereufes : car, en traçant des caracteres qui n'ont jamais exiftés dans la vie, en repréfentant les perfonnes & les chofes dans un point de vue faux & extravagant, & en donnant à des événemens impoffibles des caufes qui ne font pas vraiffemblables, ils font propres à donner à l'efprit une tournure romanefque qui produit fouvent de grandes erreurs dans le jugement, & de fatales méprifes dans la conduite. J'en ai vu des exemples fréquens, c'eft pourquoi je vous confeille de ne jamais lire ces fortes d'auteurs.

Des ouvrages à l'Aiguille.

Les ouvrages à l'aiguille où il y a du deffin & de la fymétrie, feront quelquefois un amusement agréable, s'ils se rapportent à votre inclination; mais n'entreprenez jamais de trop grandes pieces que vous ne pourriez achever sans le secours des autres. Rien n'est plus extravagant, sous le nom spécieux de bonne économie, que de meubler sa maison de cette maniere. Combien d'appartemens n'a-t-on pas vu ornés des prétendus ouvrages d'une femme qui peut être n'a jamais achevé deux feuilles dans une forêt artificielle, & qui a payé quatre fois sa valeur aux différentes personnes employées à y mettre la derniere main! La dépense de ces ennuyeux ouvrages ne m'est que trop connue, & j'en parle d'après l'expérience; car en ayant entrepris un pendant plusieurs années, quand il fut entiérement achevé il n'avoit pas de valeur réelle au-delà de quinze livres; & par un calcul fait depuis, il me revint à cinquante par les paiemens des personnes qui y furent employées. J'avois alors dix-sept ans, & l'inexpérience [de la jeunesse peut seule excuser une telle folie. Des broderies en or & en argent, ou d'autres petits ornemens en soie, seront bien plutôt achevés. Des ouvrages de ce genre, étant finis dans un été sans payer des mains étrangeres pour vous aider, & sans trop vous appliquer, produiront un changement d'amusement bien choisi, & comme vous êtes trois, cela sera plus agréable encore, parce que l'une de vous lira alternativement à haute voix, tandis que les deux autres seront ainsi occupées. Vous devez être si bien versée dans tout [ce qu'on appelle ouvrage simple, quoique la perfection ne demande pas beaucoup de délicatesse, que vous soyiez en état de couper, façonner, coudre & racommoder votre propre linge. Quelques peres & quelques maris préferent que leurs filles & leurs femmes soient ainsi entiérement ajustées du travail de leurs mains, & croyent faussement que cela est la plus grande marque d'une exacte économie. S'il arrive que ce soit l'inclination ou l'opinion de l'un des deux, il faut toujours y acquiescer sans hésiter ; mais au défaut d'un tel motif, je n'en vois pas qui rende cette pratique nécessaire à aucune femme, excepté cependant si la modicité de sa fortune ne lui permettoit pas, sans se gêner, d'avoir une femme-de-chambre, à qui de tels ouvrages, à l'aiguille, appartiennent plus convenablement.

Des Spectacles.

Le théâtre, qui par les travaux sans relâche de l'inimitable M. Garrick, est à-présent porté à la plus grande perfection, vous fournira, quand vous ferez à la ville, une occupation également raisonnable & utile. Votre jugement n'y est point revolté, ni votre esprit outragé par l'impertinente représentation de pantomimes ridicules. Votre modestie n'est point choquée des paroles indécentes & obscenes de ces auteurs qui, au manque d'esprit, ont ajoutés le manque de bon sens & de décence. Les défauts de cette nature qui

(par une complaisance blâmable pour un goût corrompu) se sont glissés quelquefois dans les ouvrages des meilleurs écrivains, sont, par sa conduite prudente, généralement corrigés ou omis sur le théâtre. Vous y verrez les meilleures comédies jouées par les meilleurs acteurs : cependant n'allez à aucune dont vous ne connoissiez auparavant le caractere, & qui n'ait été approuvée par des gens d'esprit & de bon sens, comme ayant atteint le vrai but du théâtre, qui est d'instruire & de plaire. Faites attention aux sentimens & à la morale qu'elle renferme ; & alors je crois que vous ne sauriez passer une soirée plus utile & plus agréable.

La danse peut aussi avoir son tour comme un exercice sain & convenable généralement au goût & à la gaieté de la jeunesse.

Des Visites.

Une partie de ces heures qui sont consacrées aux divettissemens, vous paroîtra , sans doute, moins agréablement employée, en rendant & en recevant des visites de pure cérémonie : des visites qui font une espèce de tribut autorisé par l'usage & prescrit par la civilité. Dans ces visites, lorsque la conversation ne roule que sur des bagatelles, faites voir beaucoup de satisfaction au dehors, parlez avec un sourire non affecté, de l'élégance d'un habillement à la mode, du dessin d'une dentelle, d'un assortiment de bijoux, de la coupe d'une manchette & de la grace d'une manche ; non que vous appréciez tout cela réellement : mais d'après l'importance que met à toutes ces choses l'opinion de ceux avec qui vous vous entretenez. Le grand art de plaire est de paroître se plaire avec les autres. Ayez l'air d'être occupée & attentive à tout ce qu'on dit, & sur-tout, évitez ce rire méprisant, qui fait voir qu'on se reconnoît une supériorité de jugement, & qui part d'un mauvais naturel & d'un esprit difficile. Conformez-

vous au goût & à la capacité de votre
société, tant que ce goût se bornera
aux plus froides niaiseries. Mais si elle
est assez dépravée pour s'amuser à déchi-
rer l'absent par les plus cruels sarcasmes;
si elle se plaît à découvrir des défauts
dans les meilleurs caracteres, ou à
rappeller les plus grandes fautes d'un
mauvais ; alors la religion & l'huma-
nité défendent le moindre degré de con-
sentement. Si vous n'avez aucune connoissance des personnes, qui malheureusement sont ainsi sacrifiées à l'envie
& à la malignité, & que conséquemment vous ignoriez le vrai ou le faux
de toutes ces médisances, soupçonnez-les
d'être toujours mal-fondées, ou au moins
beaucoup exagérées. Faites voir votre
mécontentement par un silence grave, &
en saisissant la premiere occasion de
changer de conversation. Mais si quelque connoissance du caractere en ques-
tion vous met à portée de le défendre,
qu'une complaisance déplacée ne l'emporte pas sur la justice; vengez l'in-

nocence outragée avec toute la liberté
& la chaleur d'une amitié sans bornes :
& si la faute du coupable peut être pal-
liée, employez toutes les armes que la
vérité peut vous fournir, pour adou-
cir l'erreur. Par ce moyen, outre le
plaisir qui naît du sentiment intérieur
d'avoir rempli exactement cette grande
regle, de faire aux autres ce qu'on
voudroit qui nous fût fait, vous re-
cueillerez aussi pour vous-même d'avantage d'être moins fréquemment impor-
tunée par de pareils propos, toujours
douloureux pour un cœur humain &
sensible. Si malheureusement vous connoissez quelques personnes dont le caractere soit naturellement méchant, &
que nul sentiment de vertu, nul frein de
civilité ne puisse détourner de ces malicieuses saillies qui partent toujours
d'un mauvais naturel, faites-leur
des visites aussi rares & aussi cour-
tes que la décence le permettra. Il
n'y a ni profit ni plaisir à se trouver
en pareille compagnie, où les cartes

seules seront admises avec quelque avantage.

Du Jeu.

Il sera bon que vous sachiez bien jouer tous les jeux qui sont le plus en usage, car c'est une preuve de grande folie que de s'engager dans quelque chose sans la bien faire : mais c'est un divertissement pour lequel j'espere que vous n'aurez point de passion, parce qu'il est en lui-même, pour ne pas dire plus, très-inutile.

Avec les personnes pour qui vous ne sauriez avoir aucune estime, la bonne éducation peut vous obliger de maintenir un commerce de visites de cérémonie ; mais la politesse n'exige pas qu'elles soient longues ou fréquentes. En cela on peut suivre son inclination sans violer les loix de la bienséance. Le choix seul détermine une liaison intime, & ce choix doit toujours être fondé sur le mérite. Vous ne sauriez apporter trop de soins pour examiner préalablement si ce mérite est vrai ou supposé, la plus grande précaution est nécessaire pour n'être pas trompé par des apparences spécieuses. Une conduite louable, souvent sur une connoissance superficielle, prévient en faveur de personnes qui, étant vues de plus près, se trouvent ne mériter aucune estime. En portant un jugement précipité, on s'engage quelquefois dans une intimité imprudente, qu'on se voit forcé ensuite de rompre ; & cette rupture entraîne souvent beaucoup de désagrémens, & peut-être même des suites très-fâcheuses & durables. C'est pourquoi la prudence enjoint ici la plus grande circonspection.

De l'Amitié.

Peu de gens sont capables d'amitié, beaucoup moins encore ont toutes les qualités qu'on doit rechercher dans un ami. Le point fondamental est une disposition vertueuse ; mais il faut y ajouter un bon esprit, un jugement solide, une humeur douce, une fermeté d'ame, une sincérité de cœur, & une conduite franche & libre. Quoique ces qualités se trouvent rarement unies, ne faites jamais un ami intime d'une personne qui manque dans une grande partie. Soyez lente à contracter une amitié, & inviolablement constante pour la maintenir. Ne cherchez pas beaucoup d'amis, mais estimez-vous très-heureuse, si pendant le cours de votre vie vous en rencontrez un ou deux qui méritent ce nom & qui possédent tout ce qu'exige un titre si précieux. C'est là vraiment le plus grand bonheur de la vie humaine. Une santé non interrompue a la voix générale; mais à mon opinion, un tel ami mérite d'autant plus la préférence, que les plaisirs de l'ame, surpassent ceux du corps tant par leur nature que par leur progression. Vos maux & vos souffrances corporelles feront allégés d'une maniere inexprimable par les entretiens d'une personne que l'affection rend agréable, & que la raison approuve, dont la tendre sympathie partage vos afflictions & vos plaisirs, qui est douce & ferme en même tems dans le reproche de vos fautes. Semblable à un ange protecteur, le véritable ami est toujours attentif à vous avertir des dangers que vous ne prévoyez pas & par des avis donnés à propos, prévient les erreurs auxquelles la fragilité humaine & l'amourpropre nous exposent; c'est-là le vrai devoir de l'amitié. Avec un tel ami, nul état dans la vie ne peut être absolument malheureux. Mais privé d'un tel lien, le ciel nous a si bien formé pour cette société intime, qu'au milieu de l'abondance de la fortune, & avec la plus brillante santé, notre cœur solitaire sentira toujours un vuide affreux qui l'empêchera de jouir d'un bonheur parfait. Si celui qui regle avec un pouvoir suprême tous les événemens, vous fait un don si extraordinaire, que votre cœur soit ouvert sans réserve à un tel ami. Ne cachez point vos pensées secretes; ne déguisez point

vos

vos foiblesses intérieures, mais découvrez votre cœur à la sonde fidelle de l'honnête amitié & ne vous retirez pas si l'endroit touché vous est sensible. Ne découragez point, par un orgueil opiniâtre, la personne qui ose librement condamner quelque mauvaise habitude; mais toujours disposée à la conviction, écoutez avec attention, & recevez avec reconnoissance les reproches doux & obligeans qu'un tendre ami peut vous faire. Quand on vous aura fait sentir une faute, avouez-la ingénuement, & soyez sincere & ferme pour vous en corriger.

Du Mariage.

Heureux est le sort de celle qui trouve dans un mari cet ami inappréciable! mais le hasard est si grand, la fortune si disproportionnée, que je souhaiterois presque que le dez malheureux n'eût été jeté pour aucunes de vous. Cependant comme il est très-probable que quelqu'une de vous prendra cette route,

importante dans la vie, je vous con-
jure, mes cheres filles, de n'agir en
cela qu'avec la plus grande circonf-
pection & la plus mûre délibération.
La fortune & la famille, voilà les feules
chofes que votre pere a à régler; & quoiqu'il n'ait pas le droit de contraindre,
il a toujours indubitablement celui de
refufer fa voix. Car de même qu'un
enfant eft très-excufable de refufer fa
main, même après le commandement
abfolu d'un pere, lorfque fon cœur
n'eft pas d'accord, de même il eft très-
coupable s'il la donne fans fon aveu.
Dois-je me condamner ici moi-même? Et
pour cette faute impardonnable, dévoi-
ler au grand jour toutes les fuites fu-
neftes qui furent la vraie punition du
mariage le plus malheureux : je vous
découvrirai avec la plus grande fincérité cette erreur & toutes celles de ma
conduite, defirant fincérement que vous
tiriez avantage de ma propre expérience,
& que vous évitiez ces écueils contre
lefquels j'ai échoué; ou par négligen-

ce , ou quelquefois , hélas ! par trop
de précaution.

Qualités d'un bon mari.

Mais pour en revenir à ce que je
vous difois : le premier point à confidérer dans le choix d'un compagnon
pour la vie , eft un principe vraiment
vertueux & une bonté de cœur non-
affectée. Sans cela vous feriez continuellement tourmentée par des propos
indécens & impies. Il y a eu tant de
malheureufes victimes de l'opinion ridicule , qu'un libertin réformé fait le
meilleur mari , qu'on croiroit , fi l'expérience journaliere ne prouvoit le contraire , qu'il eft impoffible qu'une fille
qui a un degré paffable de bon fens ,
foit la dupe d'un fentiment fi erroné ,
qui n'a pas la plus légere apparence
de raifon pour fondement , & qu'un peu
d'obfervation prouvera être faux dans
le fait. Un homme qui a vécu long-
tems dans la claffe de femmes la plus

méprisable est très-porté à avoir une
mauvaise opinion & même du mépris
pour le sexe en général. Incapable d'estimer aucunes femmes, il les soupçon-
ne toutes. Jaloux & irrité sans sujet,
sa propre imagination troublée & inquiete est une source continuelle de
mauvaise humeur ; à cela se joint fréquemment un mauvais usage du monde,
la conséquence naturelle d'une vie dé-
reglée, ce qui ajoute encore à l'aigreur
du caractere. De quel côté pourroit-
on raisonnablement envisager le bonheur avec un tel compagnon ! Un peu
d'observation vous convaincra bientôt
que c'est-là le caractere ordinaire de ceux
qu'on appelle libertins réformés. Mais
admettez qu'il y ait à cela quelque ex-
ception, c'est un hasard sur lequel nulle
femme sensée ne risquera la paix de
tout le reste de ses jours. Ces filles qui
par vanité se croyent capables d'opé-
rer des miracles de cette sorte, & qui
s'engagent à un homme dont la jeunesse a été débauchée, dans la sotte

attente de le corriger, méritent bien
les chagrins qu'elles essuyent généralement. Croyez-moi, ma chere fille,
une épouse est moins que toutes les
autres femmes, capable de réussir dans
une telle entreprise; tâchez de trouver
cette vertu dans celui que vous chòi-
sirez pour époux, & ne vous flatez
jamais de la faire naître. Le bon sens
& le bon naturel sont presque également
à rechercher. Si le premier manque, il
vous sera impossible d'estimer une personne dont la conduite peut vous faire
honte ; & une estime mutuelle est aussi
négessaire pour le bonheur dans l'état
du mariage qu'une affection mutuelle:
sans la derniere, chaque jour amenera
avec lui quelque nouveau sujet de chagrin, jusqu'à ce que les querelles repétées
produisent une froideur habituelle, qui
dégénérera bientôt en une haîne irréconciliable. Alors non-seulement vous de-
viendrez le tourment l'un de l'autre,
mais même vous serez l'objet du mépris de votre famille & de tous ceux
qui vous connoissent.   F iij

Du bon naturel & de la bonne humeur.

Cette qualité de bon naturel est plus que toutes les autres difficile à bien connoître, parce que par une erreur générale on la confond avec la bonne humeur. Cependant dans le fait il n'y a pas deux principes d'action plus essentiellement opposés. Cela demande quelque explication. J'entends par bon naturel, cette vraie bienveillance qui partage le bonheur de tout le genre humain, qui cherche à procurer la satisfaction de chaque individu, suivant toute l'étendue de son pouvoir, qui assiste celui qui est dans la détresse, console l'affligé, répand les bienfaits & communique le bonheur autant que ses facultés peuvent s'étendre. Sur le théâtre particulier de la vie, elle paroîtra d'une maniere éclatante dans le fils soumis & respectueux, le mari affectionné, le pere indulgent, l'ami fidéle & le maître doux & compatissant, également aux hommes & aux bêtes ; tandis que la bonne humeur n'est rien de plus qu'une conduite enjouée & agréable qui provient, ou d'une gaieté naturelle d'esprit, ou d'une affectation de manieres prévenantes, jointe à un air affable & complaisant, qui est le résultat d'une bonne éducation, & à une condescendance sans bornes pour les goûts de chaque société. Ce vrai caractere de bonne humeur est, de beaucoup, la qualité la plus dominante. On y a souvent été trompé & on lui a donné le titre bien supérieur d'excellent naturel. Un homme, par ces apparences spécieuses, a souvent acquis ce titre, qui dans toutes les actions de sa vie privée, a été un tyran cruel, chagrin, vindicatif, capricieux & arrogant. Au contraire, l'homme d'un caractere vraiment bienveillant & disposé à étendre le bonheur autour de lui, pourra quelquefois déplaire par un peu moins d'habitude du monde, ou par une franchise de cœur très-louable en elle-même. Incapable de la bassesse de déguifer fes penfées, il fera coupable de petites faillies qui porteront l'empreinte de la malignité ou de la mauvaife humeur : alors les perfonnes qui ne connoiffent pas le vrai caractere du bon naturel & de la bonne humeur, & qui les prennent pour des termes fynonimes, quoique dans le vrai ils n'aient aucun rapport l'un avec l'autre, croiront injuftement que ces faillies proviennent d'un mauvais naturel. Il eft donc abfolument néceffaire pour fe former un jugegement droit, d'obferver cette diftinction, qui en effet vous préfervera de l'erreur dangereufe de prendre l'ombre pour la réalité. C'eft une méprife irréparable qui engendre des malheurs fans nombre.

De ce qui a été dit, il eft aifé de voir que ce n'eft pas l'opinion générale qui fera connoître le vrai caractere de cette aimable vertu; la fimple bonne humeur fuffifant généralement pour fixer la voix publique en faveur d'un homme dont le cœur eft entiérement vuide de tout fentiment de tendreſſe & de bienveillance, on ne peut décider, avec quelque certitude, quel eſt le caractere d'une perſonne que par les ſcenes les moins remarquables de la vie, & la conduite habituelle qu'il tient dans ſa maiſon. Ces choſes non déguiſées découvrent l'homme ; qu'il vive dans le grand monde ou dans l'obſcurité, la connoiſſance la plus intime peut ſeule découvrir ſon vrai naturel. La meilleure méthode pour n'être pas trompé dans ce cas, eſt de ne faire aucun fonds ſur ce qui paroît au dehors comme étant trop ſujet à erreur, mais de ſe faire une regle d'établir ſon jugement d'après les ſentimens ſimples & groſſiers de ceux qui, dépendant de lui, peuvent l'apprécier ſa juſte valeur, & qui non-ſeulement voyent, mais à toute heure éprouvent les bons ou les mauvais effets de cette humeur, à laquelle ils ſont ſoumis. Je veux dire par-là, que ſi un homme eſt également reſpecté, eſtimé & cheri par ſes vaſſaux, ſes dépendans & do-

meftiques ; depuis le riche fermier jufqu'au laborieux payfan, depuis l'or-
gueilleux intendant jufqu'au pauvre le
plus humble, qui, plein de reconnoif-
fance d'être employé, obéit avec fou-
miffion à toute la race des domeftiques ,
vous pouvez conclure avec raifon, qu'il
a vraiment cette bonté de caractere &
cette vraie bienveillance qui fe plaît
à communiquer le bonheur, & qui
jouit de la fatisfaction qu'elle répand.
Mais s'il eft haï & méprifé de fes domeftiques , s'ils le fervent fimplement
par un motif de crainte vuide d'affection, ce qui eft très-aifé à découvrir ,
quelque puiffe être fon caractere en
public, quelque favorable que lui foit
l'opinion générale, foyez sûre que fon
caractere eft tel, qu'il ne produira jamais
de bonheur domeftique. Je me fuis étendu plus particuliérement fur cet article,
parce que c'eft une des qualités les plus
effentielles à confidérer & à laquelle on
fe trompe plus aifément qu'à toute
autre.

Ne vous décidez jamais, ma chere fille, à donner votre main à un homme qui manquera dans ces points essentiels; étant assurée de vertu, bon naturel, & jugement dans votre mari, vous serez sûre du bonheur. Sans les deux premiers il est impossible d'y atteindre, sans le dernier, dans un degré passable, il sera très-imparfait.

Souvenez-vous que l'infaillibilité n'est pas la qualité propre de l'homme, & que vous éprouveriez bien des contre-tems fâcheux si vous comptiez sur ce qui ne s'est jamais trouvé. Les hommes les meilleurs font quelquefois contra-dictoires avec eux-mêmes ; ils font sujets à être entraînés par des écarts soudains de paffion dans des propos & des actions que le calme de la raison condamnera. Ils auront quelque bizarerie dans la conduite, quelque singularité dans le caractere, qui les rendront sujets à une mauvaise humeur accidentelle ; ou a des plaintes fantasques. Des défauts de cette forte ombragent souvent le plus

heureux caractere ; mais ne détruifent
jamais la félicité mutuelle , à moins
qu'ils n'aient pour caufe un reffentiment
hors de propos , ou un amour de contrariété qui vient d'un mauvais jugement.
La paffion n'écoute jamais la raifon ;
fon afpect feul l'enflamme & l'irrite.
L'homme d'efprit , qui a eu tort , ayant
repris fon affiete ordinaire , fe repré-
fentera à lui-même tout ce qui peut avoir
irrité contre lui. L'homme de bon naturel avouera fa faute fans qu'elle lui
foit reprochée ; c'eft pourquoi la contradiction eft alors entiérement inutile
& même très-imprudente ; après une
répétition elle eft également fans néceffité & fans jugement. Quelques fin-
gularités dans l'humeur ou dans la conduite , doivent être repréfentées convenablement de la maniere la plus
tendre & la plus amicale ; & cela étant
fait avec referve & diftrétion fera généralement bien accueilli. Mais fi elles
font fi habituelles qu'elles ne puiffent
pas aifément être changées , ne tou-
chez

chez pas trop souvent cette corde ; laissez
les plutôt passer sans les remarquer. Une
telle condescendance, en faisant voir
votre bonne humeur, cimentera bien
mieux votre union ; & ces petits défauts
seront plus supportables pour vous-même, si vous réfléchissez aux bonnes qualités supérieures, par lesquelles ils sont
grandement compensés. Il faut vous
rappeller, ma chere fille, que ces regles
sont établies seulement dans la supposition que vous serez unie a une personne
qui possede les trois qualités essentielles
au bonheur, que j'ai ci-dessus mentionnées. Dans ce cas, vous n'avez d'autre
conduite à tenir que de remplir strictement les devoirs d'une épouse ; sçavoir,
d'aimer, de respecter, & d'obéir. Les
deux premiers sont un tribut si indispensablement dû au mérite, qu'il sera
tout naturellement payé par inclination ;
ils conduisent insensiblement au dernier, qui, non-seulement sera une tâche facile, mais même agréable ; puisqu'on ne vous préscrira jamais rien que

de convénable & qui puisse vous déplaire avec quelque raison. Je devrois
finir ici cet article ; s'il n'étoit pas plus
que possible , que malgré tout ce qui
a été dit , vous ne soyiez portée par
quelque motif intérieur à oublier la
premiere précaution, & que soit par une
opinion reçue trop précipitamment, soit
par une partialité qu'on ne peut justifier,
ou par la force puissante de la persua-
sion , vous soyiez malheureusement en-
traînée à donner votre main à un homme dont le mauvais cœur & le caractere inquiet , cachés par une dissimulation profonde , feront évanouir toutes
les espérances flatteuses du bonheur.
Puisse le ciel favorable vous garantir
de cette fatale erreur ! un tel associé
est le plus grand de tous les malheurs
temporels ; c'est un breuvage mortel
qui empoisonne tous les momens de
la vie, qui détruit jusqu'aux moindres
apparences du contentement , & ban-
nit cette humeur gaie & tranquille qui
seule peut donner un vrai goût pour les

plaisirs de cette vie mortelle. Je souhaite très-sincérement que vous n'éprouviez jamais un tel sort, & j'espere que votre prudente circonspection suffira pour vous garantir du danger. Mais la seule possibilité d'un tel événement me met dans la nécessité d'établir des regles pour conserver quelques degrés de satisfaction dans la privation même du bonheur. C'est de beaucoup la partie la plus difficile de mon entreprise présente ; il n'est pas aisé de donner des avis sur ce sujet & encore moins de les pratiquer. L'objet est aussi trop important & trop étendu pour être traité minutieusement dans l'espace d'une lettre ; c'est ce qui fait que je me bornerai aux points les plus essentiels seulement ; & je vous donnerai les meilleures instructions qui sont en mon pouvoir, desirant ardemment que vous n'ayiez jamais occasion d'en faire usage.

Comment il faut se conduire avec un mauvais mari.

Si vous êtes unie à un homme dont les principes soient peu religieux, il vous est impossible de remplir une grande partie des devoirs essentiels d'une femme. Pour n'en citer qu'un exemple ; celui d'obéissance sera rendu impraticable, parce qu'on vous ordonnera souvent des choses incompatibles avec les premiers principes de la saine morale. Cela n'est point une pure supposition, je parle d'après des faits dont j'ai été souvent témoin & que je puis attester. Si cela arrive, les raisons de refus doivent être présentées avec douceur, simplicité & fermeté ; le hasard du succès dépend au moins d'être entendu. Mais si ces raisons sont rejetées, ou qu'on refuse de les entendre, & que le silence vous soit ordonné à ce sujet, ce qui est plus probable ; peu de personnes-aimant à entendre ce qu'elles sa-

vent être juftes quand elles font déter-
minées à ne pas paroître convaincues ;
obeiffez alors & ne pouffez pas plus
loin l'argument ; mais demeurez ferme
dans vos principes, & que ni la per-
fuafion, ni les menaces, ne puiffent
vous convaincre & voūs faire agir d'une
maniére qui y foit contraire. Il eft de
votre devoir indifpenfable de refufer
d'obéir à tout commandement oppofé
aux loix de la religion, & il eft de
vôtre intérêt de rejeter toute demande contraire à la prudence, & incompatible avec ce rang & cette dignité
que vous devez conferver dans le monde. Dans le premier cas, votre confentement feroit criminel ; & dans le fe-
cond, il feroit hautément indifcret, &
vous attireroit la cenfure publique.
Car un homme capable d'exiger de
fa femme ce qu'il fait être injufte, eft
également capable de rejeter fur elle
tout le blâme d'une telle faute, &
d'après le même principe, il lui repro-
chera enfuite fa mauvaife conduite, &

G iij

ne manquera pas de nier qu'il y ait eu part. Beaucoup d'exemples ont appuyé ma propre observation. Acquiescez toujours aux choses d'une nature moins importante, qui ne sont, ni criminelles en elles mêmes, ni dangereuses pour leurs conséquences, dès que vous verrez qu'on y insiste, quelqu'opposées qu'elles puissent être à votre caractere & à votre inclination. Une telle condescendance prouvera évidemment que vos refus dans d'autres cas proviennent non d'un esprit de contradiction, mais purement d'un juste égard pour ce devoir supérieur qu'on ne peut jamais enfreindre avec impunité. La passion s'irritera d'une telle conduite; mais la raison l'approuvera. C'est pourquoi c'est la méthode la plus sûre pour faire une impression favorable. Si vous ne réussissez pas, vous jouirez au moins de cette approbation si satisfaisante, qui est la compagne inséparable d'une conduite vraiment pieuse & raisonnable.

Si la tâche pénible de vivre avec un caractere chagrin & tyrannique, vous est assignée ; on ne peut rien vous recommander de meilleur qu'une soumission patiente à un malheur qui est sans remede. Le mauvais naturel s'accroît & l'opiniâtreté s'enracine par la contrariété. Moins un tel caractere est contrarié, plus il est supportable à ceux qui ont le malheur d'être sous son influence empoisonnée. Quand tous les efforts pour plaire sont infructueux, & qu'un homme paroît déterminé à trouver du mal à tout, comme si son plus grand plaisir consistoit à tourmenter ceux qui sont autour de lui, il faut un degré extraordinaire de patience & de courage pour s'abstenir des reproches qu'une telle conduite mérite si justement. Il est encore absolument nécessaire pour maintenir quelque degré de tranquillité, non-seulement d'éviter toute expression de ressentiment, mais même ces regards fiers qui accompagnent d'ordinaire un silence méprisant ; ces deux choses tendant également à augmenter le mal. Ce plaisir diabolique , de causer du tourment, est infatigable dans la recherche de tout ce qui peut le satisfaire ; & on pourra le trouver ou le faire naître dans presque toutes les circonstances de la vie. Mais si on le laisse suivre son cours malicieux , sans y mettre obstacle & même sans y prendre garde, on verra bientôt ses pointes émoussées , & il périra de dépit & d'ennui. Tandis que, tous les efforts pour ramener le calme , toutes les plaintes de mauvais traitement aiguiseroient contre vous-même le tranchant de l'arme ; & en prouvant que vous êtes sensible à la blessure , donneroient à celui qui l'a faite la satisfaction qu'il desire. La prudence demande ici plus qu'une circonspection ordinaire. Que chaque partie de votre conduite soit aussi intacte qu'il est possible ; évitez même jusqu'aux moindres apparences du mal , & après avoir fait tous vos efforts pour

mériter l'approbation, ne vous attendez pas à l'obtenir. Par ce moyen vous
éviterez la mortification d'avoir été
trompée dans votre espoir. Cette mortification souvent répétée pourroit donner à votre caractere une aigreur sombre qui est incompatible avec le plus
petit degré de satisfaction. Il faut aussi
apprendre à vous contenter , autant
qu'il est en votre pouvoir, du sentiment intérieur d'une bonne action ,
& regarder avec une indifférence bien
décidée tous les mauvais succès que
pourront avoir vos tentatives pour
plaire.

J'avoue que cette leçon de philoso-
phie est très - difficile à mettre en
pratique, & qu'elle n'exige rien moins
qu'un pouvoir absolu sur les passions.
Mais souvenez-vous qu'un tel pouvoir
vous récompensera amplement de toutes
les peines qu'il vous aura coûté à acquérir. D'ailleurs, c'est je crois le seul
moyen de conserver quelque tranquillité d'esprit dans une union si malheu-
reuse.

Comme l'art ne peut cacher le manque d'esprit, & que nulle adresse ne
peut le déguiser, une femme de bon
sens doit regarder comme impossible
de s'unir à une personne qui manque
dans ce point, d'autant mieux que cela
rend impraticable cette sorte de société
raisonnable qui constitue le principal
bonheur d'une telle union. Cependant
combien de fois n'a-t-on pas remarqué
dans cette occasion la foiblesse du jugement des femmes! les avantages d'u-
ne grande supériorité dans le rang ou
dans la fortune, les ont fréquemment
séduites au point de l'emporter dans
leur opinion, non-seulement sur la
folie, mais même sur les vices de celui
qui les possédoit. Erreur insigne, toujours
tacitement reconnue par un repentir
subséquent, lorsque les plaisirs attendus
de l'abondance, des équipages, & de
toute la pompe éclatante d'un faste
inutile, sont trouvés par expérience
insuffisans pour balancer la privation
de cette satisfaction constante, qui re-

fulte de la joie paifible de converfer
avec un ami raifonnable. Ce motif,
quelque foible qu'il foit reconnu, eft
encore plus excufable qu'un qui a quelquefois prévalu, & qu'il faut bien re-
douter; je veux dire, un fi grand
amour d'autorité qu'on donne la préférence à une perfonne d'un efprit médiocre dans l'efpoir, par-là, de tenir
defpotiquement les renes du gouvernement. Cette attente eft auffi très-mal
fondée; l'obftination & l'orgueil étant
généralement les compagnons de la
folie. Les gens les plus fots font d'ordinaire les plus attachés à leur opinion,
& par conféquent ils font plus diffici-
les à gouverner que d'autres; mais
admettons le contraire; ce principe eft
mauvais en lui-même, tend à renver-
fer l'ordre de la nature, & eft contraire aux deffeins de la providence.
Une femme ne fera jamais plus ridicule que quand elle paroîtra gouverner fon mari. Si malheureufement la
fupériorité d'efprit eft de fon côté,

l'aveu manifesté de cette supériorité la rend méprisable aux yeux de toutes les personnes sensées, & fixera probablement dans leur esprit un dégoût qu'elle ne pourra jamais vaincre. De peur que cela ne vous soit un jour nécessaire, souvenez-vous que, dans ce cas, un peu de dissimulation est louable : mais il n'en faut avoir qu'autant qu'il est nécessaire, pour que ce manque d'esprit ne soit pas observé. Si votre mari juge mal, ne le contrariez jamais ouvertement, mais ramenez-le insensiblement à une autre opinion, d'une maniere si sage & si discrete, qu'elle paroisse entiérement la sienne propre; & laissez-lui revenir la gloire de chaque détermination prudente, sans avoir la folle vanité de prétendre à quelque mérite pour vous-même. C'est ainsi qu'on peut aider une personne d'un esprit médiocre, de maniere qu'en plusieurs occasions elle brillera d'un lustre emprunté qu'on distingue rarement du naturel, & qu'elle sera, pour ainsi dire,

dire , habituée à agir convenablement dans toutes les rencontres communes de la vie. Quelque bizarre que cette situation puisse paroître, elle est appuyée de l'expérience ; & j'ai vu la méthode pratiquée avec succès par plusieurs personnes. Par ce moyen un esprit foible, étant sagement guidé dans tout ce qu'il doit diriger , paroît agir seul & de son propre mouvement : semblable à la statue de la divinité de Delphes qu'on croyoit rendre elle-même ses oracles ; tandis que l'humble Prêtre qui prêtoit sa voix , étoit caché par l'autel , & n'aspiroit à d'autre gloire qu'à une obéissance supposée à la Divinité qu'il servoit.

On peut conclure de-là que par une conduite sage & prudente , la tranquillité & le contentement peuvent , au moins , se trouver avec un mari qui n'a pas un esprit supérieur ; mais alors la vertu & le bon naturel sont présupposés ; car sans cela on ne peut compter sur rien. Un fou vicieux & méchant, étant

H

un affocié fi intraitable & fi fatiguant, qu'il ne manqueroit plus que d'y ajouter la jaloufie pour rendre la malédiction complette.

De la jaloufie.

Si on laiffe une fois cette paffion s'établir dans le cœur, il fera bien difficile de l'extirper ; c'eft une fource conftante de tourment pour le cœur qui la reçoit, & un fonds inépuifable de chagrin pour la perfonne qui en eft l'objet. Avec une perfonne qui a cette malheureufe difpofition, il eft prudent d'éviter la plus petite apparence de déguifement. Un petit mot dit à l'oreille dans une grande compagnie, un meffage donné à voix baffe à un domeftique, ont été, par le pouvoir d'une imagination troublée, regardés comme une injure capitale. Tout ce qui a l'air du fecret porte la terreur dans un efprit naturellement méfiant. Une ouverture fans referve, tant dans la conduite, que dans la conversation, détruit l'attente impatiente de découverte, & doit probablement amener cette confiance habituelle qui est le seul antidote contre le poison de la jalousie. Il est plus aisé de prévenir que de dissiper une mauvaise impression ; & conséquemment il est beaucoup plus sage de manquer quelquefois à des petits points de civilité indifférens en eux-mêmes ; & qui suffiroient par une bizarrerie singuliere pour choquer un homme dont il est également de votre devoir & de votre intérêt d'assurer la tranquillité. Il vaut beaucoup mieux encourir patiemment la censure de caractere frivole ; en faisant des récits circonstanciés & non demandés, d'événemens inutiles & indifférens, que de donner quelque sujet à votre mari de s'inquiéter de votre silence & de votre réserve. Cette façon d'agir constante, étant jointe à une complaisance raisonnable, est le plus sûr moyen pour guérir cette tournure inquiete de caractere. Car, en écartant tout ce qui pourroit lui donner de la force, le manque de matiere pour l'entretenir doit causer par la suite son anéantissement. Si malheureusement cette passion est tellement enracinée dans l'ame, qu'elle devienne en un sens inséparablement unie avec elle, il ne reste plus qu'une soumission patiente à la volonté du ciel, sous l'oppression d'un mal invariable. Gardez-vous avec soin de la conséquence naturelle de soupçons injustes trop souvent répétés; je veux dire, une indifférence naissante qui se termine fréquemment par une aversion décidée. Considérez une telle situation comme une épreuve d'obéissance & de résignation, & jouissez de la consolation qu'on goûte à pratiquer une des vertus les plus sublimes de la religion chrétienne. Je ne puis finir cet article sans y ajouter une précaution particuliere pour vous-même, et de la part, autant possible.

La jalousie est, à plusieurs égards, encore moins excusable dans une femme

Rien ne l'expose davantage au ridicule, & à être insultée par des lettres outrageantes. C'est une porte ouverte à tous les malheurs possibles, la source fatale d'indiscrétions sans nombre, la destruction assurée de sa propre paix, & il arrive presque toujours que définitivement elle perd l'affection de son mari. Ne donnez pas même à son ombre une retraite momentanée dans votre cœur; fuyez d'elle comme vous fuyeriez à l'aspect d'un ennemi qui conduiroit vos pas imprudens dans un gouffre de misere sans fin. Une fois embarquée dans la route du mariage, moins vous découvrirez de défauts dans votre associé, plus vous serez heureuse. Ne cherchez jamais ce qui ne doit pas vous donner de plaisir à trouver ; & ne desirez point entendre ce que vous n'aimeriez pas qui fût dit. C'est pourquoi évitez cette foule d'impertinens, qui, soit par un amour malicieux de discorde, ou par un motif moins criminel de se rendre agréables aux autres en satisfaisant leur blâmable curiosité, sément la dissension par-tout où ils sont admis. En disant des vérités fâcheuses, ou en insinuant des faussetés qu'ils ont eux-mêmes inventées ; ils outragent des gens innocens, troublent l'union domestique & détruisent la paix des familles. Traités ces émissaires de Satan avec le mépris qu'ils méritent ; n'écoutez point ce qu'ils offrent de vous communiquer ; mais donnez-leur une fois à entendre que vous ne sauriez regarder comme vos amis, ceux qui parlent d'une manière désavantageuse des personnes que vous aviez toujours regardés de l'œil le plus favorable. Si une telle réprimande ne les réduit point au silence, soyez inaccessible à leurs visites ; & rompez toutes liaisons avec ces fléaux de la société, qui seroient toujours à épier l'occasion de troubler votre repos.

Si votre mari est coupable de quelque indiscrétion secrete, ne courez pas le hasard que ces malicieux intriguans

disent ce qu'il vaut mieux en effet pour
vous qui soit ignoré. Mais si quelqu'événement inévitable découvre une corres-
pondance imprudente, regardez comme
une marque d'estime, qu'il tâche de
vous cacher ce qu'il n'ignore pas que
vous désapprouveriez par un principe
de raison & de religion. Gardez - vous
de lui faire voir que vous en avez
connoissance, car vous lui feriez abandonner cette contrainte dans laquelle
le tient votre ignorance supposée, &
vous risqueriez d'augmenter des déré-
glemens qui ne seroient plus déguisés.
Soyez assurée que dans quelques éga-
remens que l'entraîne la fougue d'une
jeunesse imprudente, il ne sera jamais
indifférent pour vous, puisqu'il est si
soigneux de conserver votre repos, en
vous cachant ce qu'il imagine pouvoir
le troubler. Demeurez contente, &
assurée que le tems & la raison corri-
geront tous les défauts qui ne proviennent point d'un mauvais cœur, & qu'en
conservant la première place dans son

eſtime ; votre bonheur ſera établi ſur un fondement trop ſolide pour être aiſément ébranlé.

Je ſuis entrée dans un ſi grand détail au ſujet du choix d'un mari, & des parties eſſentielles de la conduite dans l'état du mariage, parce que de-là dépend non-ſeulement la félicité temporelle, mais même très-ſouvent la félicité éternelle de ceux qui entrent dans cet état. Car, une ſcene conſtante de déſagrémens, de mauvais procédés & de querelles, rend néceſſairement l'eſprit incapable de remplir les devoirs de la religion & de la ſociété, en le maintenant dans une diſpoſition diamétralement oppoſée à cette piété chrétienne, cette bienveillance habituelle & cette tranquillité raiſonnable qui ſeule peut le préparer à la félicité éternelle.

Des inſtructions à ce ſujet, vu votre extrême jeuneſſe, pourroient paroître prématurées & devoir être différées juſqu'à ce que l'occaſion les néceſſitât ;

ſi notre poſition me donnoit fréquemment les moyens favorables pour vous
faire part de mes ſentimens : mais,
n'étant point dans ce cas-là, j'ai préféré vous donner en même-tems, dans
cette lettre, mes meilleurs avis dans
toutes les circonſtances eſſentielles à
votre bonheur, tant actuel que futur,
de peur que dans le moment où cela
ſeroit plus convenable, je n'en euſſe plus
le pouvoir. Vous pouvez différer de
réfléchir ſur cet article juſqu'à ce que
le deſſein de prendre un nouveau plan
de vie vous rende cela utile ; ce qui,
j'eſpére, n'arrivera pas de quelques
années : car, un mariage malheureux
eſt généralement la conſéquence d'un engagement trop prompt, la raiſon n'ayant
pas encore acquis une force ſuffiſante
pour former un jugement ſolide, ſur
lequel ſeul on peut déterminer un choix
convenable. Le danger d'une erreur eſt
bien grand & les effets en ſont irré-
parables. Il y a beaucoup de degrés
entre le bonheur & le malheur. L'in-

fortune abſolue, j'oſe l'aſſurer, peut
être évitée par une bonne conduite,
malgré les maux compliqués de la vie
humaine ; mais il ne faut pas moins
que le plus haut degré de philoſophie
chrétienne pour parvenir à cette conduite convenable. Et comment riſque-
roit-on volontairement de faire une ſi
dure épreuve, puiſque ſur mille on n'a
pû encore en trouver un capable d'en
ſortir victorieux ! Entre l'infortune la
plus complette, & le bonheur, il y a
des degrés ſans nombre. Chacun a ſes
peines, ſes contrariétés, ſes tourmens
de diverſes ſortes ; & dans toutes ces
poſitions, le ſeul avantage qu'on puiſſe
obtenir eſt une ſoumiſſion patiente &
un aveu intérieur de bonne conduite.
Combien la ſatisfaction qu'on peut
retirer de-là, eſt loin de la félicité
temporelle poſſible ! Ne vous contentez
pas de la perſpective d'une telle ſatisfaction, mais ayez un point de vue
bien préférable en viſant au vrai bonheur, & ſoyez ſûre qu'il ne ſera jamais

trouvé dans l'état du mariage, si le mari n'a pas les trois qualités essentielles ci-dessus mentionnées, vertu, bon naturel & bon jugement. C'est pourquoi, ma chere fille, si vous prenez le parti de vous marier, souvenez-vous de cet avis, si souvent répété, de ne jamais donner votre main à un homme qui n'a pas ces qualités, quelque autre avantage qu'il possede d'ailleurs : par-là, vous éviterez, non-seulement, tous ces chagrins que mille personnes peu refléchies se répentent à toute heure de s'être attirés sur elles-mêmes, mais très-certainement, si vous n'avez point de tort, vous jouirez de cette paix domestique non-interrompue, dans la douce société d'un compagnon vertueux, ce qui constitue la plus haute satisfaction de la vie humaine. Une telle union fondée sur la raison & la religion, cimentée par une estime & une tendresse mutuelle, est une forte d'emblême (si je puis me servir de cette comparaison) de la récompense promise à la vertu dans la vie à venir & très-certainement un excellent moyen pour s'y préparer, en maintenant l'esprit dans une égalité constante, une tranquillité réguliere, qui conduisent naturellement à l'accomplissement de tous les devoirs de la religion & de la société. C'est enfin la route infaillible du vrai bonheur. Ayant beaucoup parlé des premiers devoirs, il me reste à vous dire encore quelque chose sur les autres.

L'ordre & l'économie, sources de bonheur pour soi & pour les autres.

Dans le nombre, on croira peut-être que l'économie est placée mal-à-propos : cependant comme il arrive souvent que lorsqu'on n'en a point, on manque à plusieurs devoirs de la société, il sera plus convenable, qu'on ne l'auroit cru d'abord, de la ranger dans cet article. Un homme qui fait une dépense plus forte que son revenu ne peut la sup-

porter,

porter, fe met lui-même dans la néceffité d'être injufte, en retenaut à fes créan-
ciers ce qu'ils ont droit de lui demander, comme leur étant dû par toutes les
loix humaines & *divines*. Par-là, fouvent il caufe la ruine d'une famille
innocente qui , fans la perte qu'elle
fouffre par fon extravagance , auroit
fubfifté agréablement avec les fruits de
fon travail & de fon induftrie : il fe
met également dans l'impoffibilité de
donner à l'indigent le fecours qu'il a
droit d'en attendre par les loix de l'hu-
manité ; les biens de la fortune étant
donnés , comme l'obferve très-bien un
grand Théologien , pour l'ufage & le
foutien des autres , autant que pour
ceux de la perfonne à qui ils appartiennent. Ces devoirs envers nos fem-
blables , font certainement très-impor-
tans , & conféquemment le défaut
d'économie qui nous les fait violer ,
doit être regardé comme un très-grand
mal.

I

Maniere de secourir les malheureux.

Vous trouverez que c'est une très-bonne méthode de régler votre dépense de maniere que vous ayiez toujours en reserve le quart de votre revenu annuel. Par ce moyen vous éviterez d'être en quelque façon réduite à la misere par des accidens imprévus, & vous aurez plus de facilité pour soulager ceux qui méritent d'être secourus. Quand on donne quelques deniers indifférem- ment à tous ceux qui paroissent dans le besoin, on est bien éloigné de mé- riter des louanges; c'est au contraire un tort réel à la société; c'est un en- couragement à la paresse qui ne sert qu'à remplir les rues de mendians oisifs. Ceux-ci vivent de bontés mal appliquées au préjudice des pauvres industrieux, qui sont des membres utiles à l'état, & en faveur desquels on au- roit mieux fait d'employer ces bienfaits. Soyez très-réservée dans ces sortes de

dons; ils font un fecours inutile pour
ceux qui les reçoivent, fuppofé qu'ils
foient réellement dans le befoin, & fouvent répétés ils montent à une fomme
confidérable au bout de l'année. Les
vrais objets de compaffion font ceux
qui, par des malheurs inévitables, font
tombés de l'état d'aifance dans le befoin
le plus extrême ; ceux auffi qui, par des
contre-tems inattendus, dans le commerce, font fur le point d'être réduits
à l'impoffibilité de continuer une en-
treprife d'où dépend leur fortune pré-
fente & à venir, parce qu'ils ne peuvent trouver, fur le champ, une certaine fomme pour vaincre la difficulté ;
ceux, enfin, qui, par le travail le plus
affidu, peuvent à peine fournir à leur
famille la fubfiftance néceffaire ; ou
ceux que l'âge & les infirmités rendent
incapables de travailler. Confacrez une
certaine portion de votre revenu au
foulagement de ces befoins réels. Au
premier, donnez auffi largement que
vos facultés préfentes vous le permet-

tront : au second, d'après l'exemple d'un
excellent Prélat de votre propre Eglise,
prêtez, si c'est en votre pouvoir, une
somme suffisante pour prévenir la ruine
dont il est menacé, à condition d'être
remboursé de votre prêt sans intérêt,
si la providence lui en donne les moyens
convenables par des succès à venir. La
même méthode doit être employée lorsque l'indigence est telle que l'industrie la
plus active ne peut donner les moyens
d'établir un petit fond ou de l'augmente.
Ne prenez jamais de note par écrit, ou de
reconnoissance quelconque d'un tel prêt,
de peur que le bienfait que vous avez
eu intention de faire ne devienne ensuite
l'instrument de la ruine de celui qui
l'a reçu, par une disposition différente
dans votre héritier. Vous ne devez donner de tels secours à qui que ce soit
sans connoître à fond son caractère, &
sans avoir de bonnes raisons pour le
croire non-seulement industrieux, mais
même strictement honnête ; ce qui sera
une obligation suffisante de sa part pour

que vous en foyez payé. Les fommes ainfi rentrées, doivent être mifes de côté pour être employées dans l'occafion de la même maniere. L'homme le plus malheureux qui eft en état de travailler, fera retiré de la mifere par de petites fommes ajoutées à fon travail, & par-là même, fera encouragé à travailler. Ceux qui, par l'âge ou les infirmités, font entiérement incapables de pourvoir eux-mêmes à leur fubfiftance, ont un droit inconteftable aux bienfaits de tous ceux que la providence a placé dans l'état le plus heureux, non-feulement pour le néceffaire, mais même pour les commodités de la vie.

Comme votre fortune & votre état font encore indéterminés, j'ai à deffein établi ces regles, comme pouvant être adaptées à chaque condition. Une fortune confidérable donne une facilité plus grande pour faire le bien & communiquer le bonheur dans un degré plus étendu: mais une petite n'eft pas une excufe pour retenir un foulagement

I iij

proportionné aux vrais & dignes objets de compassion; c'est un devoir indispensable de la religion chrétienne de les assister. Le premier & le grand commandement, est d'aimer Dieu de tout votre cœur; le second, est d'aimer votre prochain comme vous-même. Celui qui a vu son frere dans le besoin & a ouvert son cœur à la piété, combien grand est l'amour de Dieu en lui? — ou combien est grand celui de son prochain? Si on manque à ces premiers devoirs, c'est en vain qu'on espere être agréable à Dieu, parce qu'on a rempli exactement tous les plus petits préceptes de la loi. La modicité de fortune a souvent été alléguée pour excuse par des personnes qui ne se font point de scrupule de prodiguer journellement à leurs plaisirs ce qui, mieux appliqué, auroit rendu heureuse une famille indigente. Ceux-là perdent de vue le bonheur réel, à la poursuite trompeuse de son ombre. Ces plaisirs que la jouissance éteint, sont souvent suivis du remords

(103)

& toujours du dégoût ; tandis que la
vraie joie, la douce satisfaction qui
naissent d'une action bienfaisante, aug-
mentent par la réflexion & sont immor-
telles comme l'ame. L'accomplissement
de nos devoirs est tellement lié à notre
intérêt présent & à venir, qu'un esprit
judicieux sera sans comparaison plus
satisfait, en se refusant quelque agré-
ment de la vie, pour sécourir plus
efficacement les malheureux, que s'il
employoit toute sa fortune à contenter
ses fantaisies.

Quelque modique que soit votre revenu, souvenez-vous qu'une partie en
est due aux malheureux qui souffrent
injustement. Sacrifiez une somme an-
nuelle à ce dessein, quand bien même
vous seriez obligée, pour en faire le
fonds, de différer quelque dépense agréable. Par ce moyen, des personnes qui
n'avoient qu'une petite fortune, ont
été dans le cas de faire beaucoup de
bien, & de rendre heureux beaucoup
de monde. Si votre fonds n'admet point

de fréquentes largeſſes, examinez avec
la plus grande circonſpection le mérite
de ceux que vous ſecourez, afin que
les bienfaits qu'il n'eſt pas en votre
pouvoir de répéter ſouvent, ne ſoient
pas mal appliqués. Mais ſi la providence,
par une fortune plus ample, vous ac-
cordoit le bonheur d'être plus en état
de rendre ſervice à vos ſemblables,
prouvez que vous êtes digne de la
confiance établie en vous, en en faiſant un uſage convenable. Autant que
vos facultés vous le permettront, chan-
gez le cri de détreſſe & d'infortune,
en un chant de joie & de ſalut ; nour-
riſſez celui qui a faim, couvrez celui
qui eſt nud, conſolez l'affligé, fourniſſez
des remedes au malade, & en outre
procurez à ces malheureux tous les
adouciſſemens que leur état exige. Par-
là, vous vous ferez vraiment un ami
de l'argent injuſte, & vous changerez
les biens périſſables de la fortune pour
le bonheur immortel. Sur la terre,
vous partagerez ce bonheur que vous

procurez aux autres, & dans le ciel, vous amafferez pour vous-même des tréfors incorruptibles & inépuifables. Une perfonne qui aura goûté une fois le plaifir d'une bonne action, fera engagée à en faire d'autres par le motif de fon propre intérêt actuel, autant que par celui de l'attente à venir.

De la vengeance.

Quelques-uns ont regardé comme un précepte difficile le pardon des injures, auquel feul eft annexée la promeffe du pardon de nos propres offenfes. L'Evangile commande non-feulement de s'abftenir de toutes fortes de vengeances, mais même d'être également difpofé à rendre fervice de tout notre pouvoir à ceux qui nous ont injuriés, comme s'ils ne nous avoient jamais fait aucun mal. La difficulté de ce précepte n'a d'autre principe que la mauvaife difpofition du cœur; elle y eft proportionnée. Un bon naturel trouve un plaifir

extrême à rendre le bien pour le mal,
& par un contentement d'esprit inexprimable, il est dès à-présent récompensé
de son obéissauce ; tandis qu'un esprit
vindicatif est incompatible avec le bonheur, un caractere implacable étant la
source d'un tourment continuel. L'homme qui rend injure pour injure éprouve
un chagrin plus réel par le ressentiment
de son propre cœur, qu'il n'est en son
pouvoir d'en causer jamais à l'objet de
sa haîne.

Si un ami vous a blessé dans l'endroit
le plus sensible, en trahissant un secret
que vous lui aviez confié, la prudence
uous défend de vous exposer a être trompé une seconde fois, en lui faisant à
l'avenir quelque confidence. Mais quoique par - là toute obligation d'intimité
cesse, celles de bienvaillance & d'hu-
manité restent encore dans toute leur
force, & vous engagent également à
secourir dans l'occasion la personne qui
vous a ainsi trompé, & même à souffrir
un moindre mal pour lui procurer un

plus grand bien. Tel est le devoir de chaque individu envers tous les membres de la société ; mais il est particuliérement prescrit dans le cas présent, pour faire voir que même une trahison de la part d'un ami qui est la plus haute de toutes les offenses, ne doit pas dispenser du devoir, en tous tems également & invariablement obligatoire, de procurer, par tous les moyens qui dépendent de nous, le bonheur temporel & éternel de tous nos semblables.

En général on pense qu'il est impertinent d'offrir toujours son avis sans qu'on vous le demande. La raison principale est que trop fréquemment cet avis est présenté avec un air décisif, qui indique qu'on se reconnoît une sagesse & un esprit supérieur. C'est donc la maniere plûtôt que la chose, elle-même, qui déplaît.

Si ceux avec qui vous avez quelque degré d'intimité, vous paroissent coupables de quelqu'injustice ou indiscré-

tion, faites leur connoître ce que vous
en penfez avec liberté, quand bien même
cette maniere d'agir devroit vous faire
perdre un ami. Le filence vous rend en
quelque façon complice de la faute. Vous
étant une fois acquitée de ce devoir,
demeurez en là ; c'eft à eux à fe juger
eux-mêmes. La répétition de tels avis
eft tout-à-la-fois inutile & impertinente,
& elle paroîtroit provenir plutôt d'orgueil que de bon naturel. Il n'y a qu'aux
feules perfonnes qui vous intéreffent
que vous devez faire connoître que
vous défapprouvez leur conduite, &
lorfqu'elles font cenfurées par d'autres,
vous devez dire tout ce que la vérité
ou la probabilité vous permettra pou
leur juftification.

Il arrive fouvent que fur une que-
relle accidentelle entre deux amis, ils
en appellent féparément à une troifieme
perfonne : dans ce cas prenez alternativement le côté oppofé, alléguant toutes
les raifons favorables à la partie ab-
fente, & mettant au grand jour tous

les

(109)

les torts du plaignant. Cette méthode
déplaira d'abord probablement; mais elle
est toujours raisonnable comme étant
la plus sûre pour procurer une reconci-
liation. Si elle réussit, chacun également
ment reconnoissant, approuvera votre
conduite & vous en remerciera : si-non
vous aurez au moins la satisfaction
d'avoir fait tout ce qui dépendoit de
vous pour rétablir la paix. Une con-
düite contraire, qui provient généralement d'une sotte envie de plaire par
flatterie aux dépens de la vérité, change
une division momentanée en une ini-
mitié ouverte & irréconciliable. Les
gens de ce caractere sont pires que
des incendiaires ; c'est le plus grand
fléau de la société, parce que c'est celui
dont il est le plus difficile de se garantir. Ils portent toujours le masque spécieux d'une prétendue approbation &
amitié pour ceux qui sont présens, &
déchirent impitoyablement les absens.

K

De tous les autres devoirs de la société.

S'il falloit vous faire l'énumération de tous les devoirs de la société, cela m'entraîneroit trop loin; il suffit donc, ma chere fille, de vous expofer en peu de mots ce qui refte. Que la vérité repofe toujours fur vos levres. Ayez horreur de flatter quelqu'un, & méprifez la perfonne qui voudroit employer près de vous un art fi bas. Que chaque partie de votre conduite & de votre converfation foit franche & ouverte. Tous ceux avec lefquels vous avez quelque liaifon, même dans l'état le plus bas, ont droit à votre honnêteté & à votre bonne humeur. Une fupériorité de rang ou de fortune n'excufe pas une conduite fiere & dédaigneufe. Un état dépendant, a par lui-même affez de défagrémens; il eft, tout-à-la-fois, injufte & cruel de les augmenter, foit par des manieres hautaines, foit par l'exercice insoutenable d'une humeur capricieuse.

Examinez chaque partie de votre conduite envers les autres par la regle infaillible de supposer un changement de condition ; cela vous conduira certainement à un jugement impartial; faites alors ce qui vous paroît juste, ou en d'autres mots, ce que vous voudriez qu'on fît à l'égard de vous, ce qui comprend tous les devoirs relatifs à la société. Visez à la perfection, si non vous n'atteindrez jamais à un dégré raisonnable de vertu. Ayez de la religion sans hypocrisie, de la piété sans enthousiasme. Tâchez de mériter la faveur de l'Etre suprême par une obéissance sincere & uniforme à tout ce que vous savez ou croyez être sa volonté ; & s'il permet que les afflictions & les peines obscurcissent quelquefois la clarté de vos jours les plus brillans, recevez-les avec soumission, persuadé qu'un Etre qui prévoit tout, & qui est également sage & bienfai-

fant, connoît & veut en même tems
le bien de toutes ses créatures, & que
chaque dispensation générale ou particuliere de sa providence envers celles
qui sont raisonnables, est combinée
de maniere à produire le souverain bonheur, dont la mauvaise conduite des
individus peut seule les priver. Cette
vérité est certainement un argument
sans réplique pour une résignation absolue à la volonté de Dieu. Une telle
résignation qui a pour fondement la
raison & l'amour de Dieu, & qui n'est
pas forcée par la nécessité, vous pro-
curera une paix inaltérable d'esprit,
fixée sur une base trop ferme pour être
renversée par l'adversité. Les douleurs,
la pauvreté, l'ingratitude, la calomnie
& la perte de ceux qui nous sont les
plus chers, nous affecteront chacuns
momentanément ; mais, étant même
réunis, ne sauroient nous blesser mor-
tellement. D'après ce principe vous trouverez qu'il est possible non-seulement
d'être paisible, mais même joyeux,

malgré toutes les circonstances fâcheuses
auxquelles cet état d'épreuve est assu-
jetti. En en faisant un usage convenable, vous écarterez réellement l'image
effrayante du dernier de tous les malheurs temporels, & vous apprendrez à
voir venir la mort avec plaisir comme
le terme heureux de toutes nos peines,
& le commencement de la félicité parfaite & immortelle.

Soyez convaincue que tout ce que
je vous dis n'est pas une pure théorie.
Ma propre expérience m'assure à chaque
moment que cela est d'une vérité in-
contestable : ma conduite envers tous
ceux qui vivent encore avec moi, a
pour base, autant que l'imperfection
humaine le permet, ces mêmes regles
que j'ai ci-dessus établies pour vous.
Elles produisent cette tranquillité d'ame
constante & raisonnable, qui constitue
la plus parfaite félicité de la vie humaine, & j'avoue sincérement, que je sens
tous les jours une satisfaction plus réelle
& un contentement plus vrai dans la

vie retirée que je mene à préfent que
je n'en ai jamais éprouvé au milieu
des plaifirs & des fêtes du grand monde. Cette vie me plaît fans avoir des
penfées inquietes pour qu'elle continue,
& je fuis heureufe dans l'efpoir de la
changer un jour pour une infiniment
meilleure. Mon ame qui n'eft point
fouillée des crimes qu'on m'a injuftement imputés, pardonne très-fincére-
ment aux auteurs malicieux de ces
imputations, goûte par avance le plaifir
d'être un jour pleinement juftifiée, &
dans cette attente n'eft plus affectée
du chagrin d'une cenfure non méritée;
j'entends par-là, la demande qui a fait
le fondement fuppofé de la derniere
des injures fans nombre que j'ai reçu
de la part de celui, dont j'avois lieu
d'attendre des procédés plus doux. J'ai
certainement beaucoup de fautes à me
reprocher, mais à fon égard très-peu.
En me rappellant tout ce que j'ai fait
pendant le cours de plufieurs années,
je ne faurois m'accufer d'autre chofe

que d'une obéissance sans réserve pour
ses moindres volontés, lors même qu'elles étoient contraires aux mouvemens
de ma propre raison........ Combien
j'ai eu tort d'avoir une telle condescendance ! D'autant mieux que par une
perfidie & une ingratitude sans égale
on m'en a souvent fait un crime.

Il faut cependant avouer, que pendant les deux ou trois dernieres années,
fatiguée d'une longue suite d'outrages
d'une nature presque impossible à conce-
voir, mon caractere fut aigri. Un effort
de plaire, constant & sans succès, fut
changé en une absolue indifférence ; &
la mauvaise humeur occasionnée par des
chagrins fréquens (conséquence dont
par expérience je vous ai averti de vous
préserver) parut peut-être quelquefois
d'une maniere trop évidente. Le ciel
seul peut déterminer le point ou les
chagrins de toute espece peuvent être
donnés pour excuse à cette conduite.
C'est lui dont la bonté a jugé convenable de me délivrer de cette pénible

situation, quoiqu'à présent ce moyen est bien dur pour moi, puisqu'il est cause que je suis aussi séparée de mes enfans & que je n'ai pu veiller comme je l'aurois souhaitée à leur éducation. J'aurois rempli ce devoir si cher avec autant de soin que de plaisir, quoiqu'il eût été bien plus étendu par la suite, s'ils n'avoient pas cessés d'être avec moi; mais comme la providence en a disposée autrement, je me suis soumise avec contentement à chacun de ses décrets, convaincue que tout est réglé pour le mieux, & qu'à la fin, tout doit réussir à ceux qui craignent Dieu, & tâchent sincérement de garder ses préceptes. Si je me trompe dans toutes ces choses, c'est certainement par une erreur dans le jugement & non dans la volonté.

Ainsi, j'ai tâché, ma chere fille, de compenser en quelque façon, tant envers vous, qu'envers vos sœurs, la privation constante des soins maternels, en vous donnant des avis, autant que ma capacité peut s'étendre sur tous les points essentiels de votre conduite dans la vie, aussi particuliérement que les bornes d'une lettre me le permettent. Puisse ce petit nombre d'avis vous être aussi utile que je le desire ! Puisse cet Etre Tout-Puissant, vers lequel mes prieres journalieres s'élevent pour votre conservation, vous accorder sa bénédiction céleste, vous garder de tout mal moral, vous conduire dans les sentiers de justice & de paix, & nous procurer à tous une heureuse rencontre dans ces régions d'une félicité inaltérable, préparées pour ceux qui, par une constance dans le bien & une patience inébranlable, combattent pour la gloire & l'immortalité.

Quand vous aurez la liberté de suivre votre propre inclination, si quelqu'une de vous vouloit m'écrire, en adressant la Lettre à M. Clutterbuck, Procureur à Bath, elle me sera remise fidélement.

J'ai vu tant d'exemples de mensonge & d'imposture, où ils étoient le moins

attendus, que cela juftifiera ma précaution, en cas qu'on fît ufage de mon
nom à mon infçu ; d'autant mieux que
ma promeffe d'une autre Lettre peut
fervir de fondement à une telle crainte.
Cette autre Lettre contiendra le récit
de plufieurs événemens que, pour l'honneur de la perfonne qu'ils regardent,
je fouhaiterois n'être pas dans la nécef-
té de rendre publics, mon cœur étant
vraiment éloigné de tout reffentiment
& vuide de paffion. Si donc je puis
trouver un moyen fûr d'envoyer ce
récit à vos freres & fœurs, & à vous-
même, lorfque vous ferez tous parvenus
à un âge convenable pour le recevoir,
& en fentir toute la valeur ; ce moyen
fera préféré ; fi non, j'aurai de nouveau recours à la méthode que j'emploie
aujourd'hui. Si je dois être privé de la
vie, avant que ce projet s'exécute, il me
femble tellement néceffaire de ne pas laif-
fer mes enfans dans l'erreur & l'incertitu-
de fur mon caractère outragé, comme
étant ceux qui y font intéreffés de plus

près, que j'ai dépofé le Manufcrit entre les mains d'un ami fur lequel je puis compter pour la publication au tems prefcrit. Il a auffi quelques lettres originales & un ordre écrit de ma main, qui feront des preuves fuffifantes. Cette précaution vous garantira efficacement de la poffibilité qu'on vous en impofe par quelque prétendue Lettre pofthume ; & de mon vivant, tout ce qui fera adreffé par moi à quelqu'un de vous portera mon nom.

D'après cela, ma chere fille, vous pourrez conclure que ce n'eft pas moi qui vous écrit, lorfque vos Lettres ne feront pas fignées de la main de votre affectionnée mere

PENNINGTON.

FABLES
MORALES,

TRADUITES DE L'ANGLOIS.

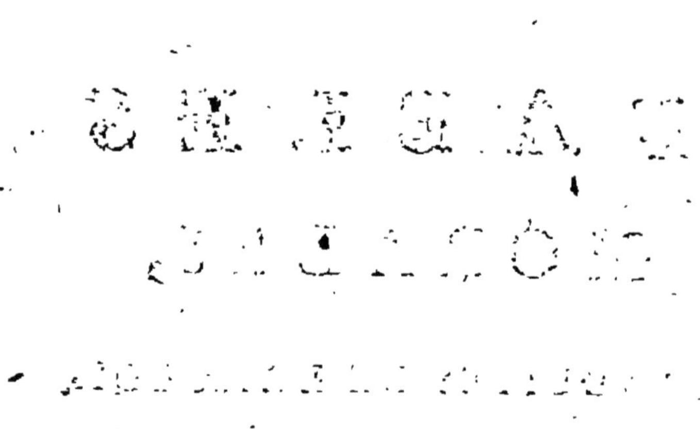

FABLES MORALES,

TRADUITES

DE

L'ANGLOIS.

M. DCC. LXXXXVI.

FABLES MORALES,

TRADUITES DE L'ANGLOIS.

PRÉFACE

DU TRADUCTEUR.

Ces Fables ont pour titre : *Fables for the female sex* ; & en les lisant on verra facilement que le but principal de l'Auteur étoit de donner des avis aux femmes.

La morale de ces fables est singuliérement intéressante & l'action en est bien conduite. Il me sem-

ble que les Anglois ont une maniere
propre à eux dans ce genre d'écrire,
& je serois embarrassé de décider si
nous avons l'avantage de ce côté-là
sur eux. Les Fables de la Fontaine
sont écrites avec beaucoup de légéreté, de naïveté, & de grace; nul ne
l'a jamais égalé dans notre langue.
Celles-ci ont plus de force dans
les idées & plus de naturel encore
dans les dialogues. La morale en
est beaucoup plus étendue & elle
est caractérisée d'une maniere plus
énergique. Les cadres sont nou-
veaux & les préceptes roulent sur
des sujets qu'on n'avoit point encore traités dans des fables. Le
langage des animaux est plus rap-
proché de notre maniere de par-

ler, & par cela même produit un
effet plus piquant. Sans entrer dans
de plus longs détails, je laiffe au
lecteur le plaifir de comparer lui-
même, & je me borne à dire qu'il
me femble que quand on a lu ces
fables il refte plus de chofes dans
la tête. C'eft en général l'effet que
produit la lecture de tous les
livres Anglois , la morale y eft,
pour ainfi dire, entaffée & cependant fans confufion.

Pour mieux faire fentir la force
du ftyle Anglois , j'ai rendu quelques endroits, pour ainfi dire, mot
à mot. J'ai mieux aimé faire une
copie exacte que de chercher à
embellir l'original , d'autant mieux

qu'un style plus recherché auroit
nui souvent à la simplicité & à
la force des idées.

FABLES MORALES,

TRADUITES DE L'ANGLOIS.

FABLE PREMIERE.

L'AIGLE ET L'ASSEMBLÉE DES OISEAUX.

A S. A. R. la Princesse de Wales.

LA poéfie morale eft due à la beauté;
c'eft pour vous que j'écris, belle excel-
lence; trop heureux fi je puis me flater
que mes momens de loifir ont été em-
ployés pour récréer les vôtres : je fais
voir la vérité fous le mafque de la
fiction, pour déraciner la folie du cœur,
& montrer les fentiers qui détournent

la nymphe errante du chemin de la
sageſſe.

Je ne flatte perſonne ; le grand & le
bon ſe font connoître ; ſi vos actions
vous élevent un monument, le dé-
truirai-je par des louanges inutiles?
Je ne ſuis pas l'écho de la voix de la
renommée qui ſe plaît ſi fort dans votre
nom ; ſon récit amical, quoique vrai,
ſeroit flatterie, ſi je l'avois fait devant
vous. L'orgueil, la jalouſie, la vanité,
la coquette & la prude, demandent
mes accords ; en déteſtant la louange,
j'écris pour eux & débite mon dépit
par charité. Avec une main amie je
tiens le miroir pour tous, pêle-mêle,
comme ils paſſent : la folie verra là
ſon portrait. Je n'attaque jamais que
des modeles vrais ; ſi la forme fantaſ-
tique offenſe, je ne l'ai fait que pour
corriger.

La vertu dans chaque âge & dans
chaque climat mépriſe le page qui ca-
reſſe la folie, tandis que la ſatyre,
qui offenſe l'oreille vicieuſe & paſſion-
née, lui plaît.

Cela étant dit *d'avance , ménagez
votre colere & demandez cette fable ,
vous qui ofez.

Les oifeaux , en charges , tourmen-
tés par des factions , adrefferent leurs
prieres à Jupiter. L'état étoit vexé par
des menfonges fpécieux , leurs confeils
étoient tournés en ridicule par d'affreux
libelles. Pour arrêter les langues fédi-
tieufes , ils demanderent que leurs
plaintes fuffent écoutées favorablement.
Le maître des Dieux agréa leur demande;
l'aigle fût établi juge de ce grand débat.

Lá pie , qui étoit en grand crédit &
en grande puiffance ; demande permif-
fion d'être entenduë : vous favez , dit-
elle , que je hais la prolixité des phrafes;
ce libelle dit qu'il y a quelques oifeaux
enclins à la difpute , qui font condam-
nés au filence par la voix de la fageffe, &
qui , habiles à gazouiller mal-à-propos ,
s'élevent par leur vanité aux premieres
places ; on voit facilement que ces
clameurs n'ont que moi pour but ;

néanmoins cette fage affemblée n'ignore pas que je me fuis élevée par degrés au gouvernement ; mes fages confeils foutiennent l'état ; jamais les pies n'ont paffées pour babillardes.

Le milan fe leva enfuite ; & dit, que fon honnête cœur prenoit part aux malheurs de la vertu ; qu'il connoiffoit plufieurs oifeaux de proie (& en cela le libelle avoit dit vrai,) qui étoient voraces, hardis, enclins au pillage, ne connoiffant d'autre intérêt que le leur propre, qui volans par-deffus la baffecour des Fermiers, n'épargnoient, pigeons, poulets, ni canards ; que la vérité de ce fait étoit inconteftable, mais que fi le déclamateur avoit eu lui en vue dans cette accufation, il en avoit menti. Il penfoit donc que, dans cette affaire, puifqu'on pouvoit en impofer ceux qui ignoroient la vérité du fait, il valoit mieux garder le filence fur toutes ces chofes.

La corneille fut vexée, ayant été furprife la veille à traverfer un champ nouvellement

nouvellement femé ; un enfant qui étoit là pour garder les bleds l'apperçut, & publia par-tout que les corneilles aimóient le bled & ne fe faifoient faute d'en voler.

Le chat-huant fe leva avec un air de dignité, & harangua ainfi fur l'affaire. Il peut-être très-vrai que les pies babillent ; un milan peut-être trop vorace ; les corneilles s'établiffent quelquefois dans les terres nouvellement femées ; ce n'eft pas faire des libelles que de dire ces chofes-là : mais l'Auteur de cet Ecrit, dit : qu'il y a des oifeaux dont la fageffe paroît au dehors dans leur maintien & dans leurs difcours, des étourdis qui portent leurs coups pendant la nuit & toujours en laiffent des marques à côté. Il ne me nomme pas, mais il donne à entendre que c'eft de moi dont il veut parler. Je demande qu'il foit intérrogé pour favoir fi par cet oifeau étourdi il veut dire un chat-huant.

Ah ! malheureux que vous êtes,

M

s'écrie l'aigle, c'est le souvenir de vos crimes, c'est votre conscience qui vous démasque. Le cœur vertueux ne prend point d'alarmes, son innocence le rassure contre les torts qu'on peut lui imputer; tandis que le coupable & la peur son associé, tressaillent au moindre vent qui agite l'air.

FABLE II.

La Panthere, le Cheval & d'autres bêtes.

L'Expérience nous apprend que quand on veut séduire une belle, il faut abandonner la vérité; il faut cajoler, flater, ramper, mentir & porter la Divinité jusqu'aux cieux; car la vérité est odieuse à son oreille, c'est une dureté qu'elle ne sauroit supporter; une dureté! Oui: telle est mon opinion; car la vérité lui réproche ses fautes. Que je suis malheureux, Chloé, moi qui vous aime & qui ne sauroit mentir, moi qui au risque d'être moins aimé de vous, fais tous mes efforts pour corriger vos défauts! Mais le fat, sans sentiment, fera-t-il naître dans votre cœur la plus douce passion ? Tandis que celui qui vous dit la vérité, & qui dirige votre jeunesse vers le bonheur, n'a pour prix de ses soins que le plus mauvais lot & vit négligé & oublié.

Croyez moi, ma chere, il me seroit plus facile de satisfaire votre goût pout la flaterie, & au milieu de la phrase la plus fade je pourrois faire briller les comparaisons , comme on voit les vers-luisans jeter de l'éclat au milieu de la nuit. Je pourrois vous dire que vos levres ont la fraîcheur de la rose qui s'épanouit, ou que vos joues font des lits de rose colorés par des pluies rafraîchissantes; mais, de même qu'il est certain que ces fleurs se faneront, de même il l'est aussi que le tems détruit chaque beauté. Le papillon de

différentes couleurs vous reſſemble plus
que les fleurs, beauté ſemillante &
légere ; toujours en mouvement, toujours volant vers le plaiſir, il s'y livre
avec ardeur & avec folie pendant l'éſ-
pace d'une heure, & meurt emportant
avec lui le ſouvenir de ſes charmes.

Voulez-vous que les charmes de votre
jeuneſſe durent long-tems ; que la vertu
ſoit [la baſe de toute votre conduite ;
ayez des manieres aiſées entiérement
exemptes de trop de retenue ou de
légéreté , un caractere doux & enjoué,
un cœur franc & ouvert, des regards
inhabiles à toutes ſortes d'artifices,
de la modeſtie pour avouer les foi-
bleſſes qu'un ami peut vous faire remarquer, de l'amour-propre aſſez pour
connoître le prix de vos vertus.

Tels ſont les charmes qui ne décli-
neront jamais, quoique la beauté &
la jeuneſſe ſoient paſſées : & le tems
qui détruit tout, ne fait que rehauſſer
l'éclat de la vertu, & l'affermir.

Je vous vois émue, Chloé, & prête

à me demander à quel propos je vous
envoye cette brufque adreffe : je vous
épargnerai la queftion en vous avouant
que je vous louerois, fi je vous aimois
moins : mais, mocquez-vous, plaignez-
vous, ou foyez en colere , je ferai
févere tant que vous aurez de la vanité.

Sous l'empire pacifique d'un lion ,
quand les bêtes erroient paifiblement
dans les champs, une panthere d'un
port majefteux, la plus vaine femelle
de la cour, avec une peau tachetée
& des yeux de feu , faifoit naître les
defirs dans tous les cœurs. Par-tout où
elle paroiffoit, une foule fervile de
créatures careffantes fe courboit, &
rampoit devant elle : elle tenoit une
affemblée chaque femaine comme les
belles d'aujourd'hui. Cette affemblée
étoit remplie de fots ; & le bruit, les
grimaces, l'impertinence, le menfon-
ge & le fcandale en occupoient tous
les momens.

L'animal vain & capricieux étoit en-

touré d'un cercle nombreux. Baſſement
rampant, avec un regard aſſuré, le
ſinge qui étoit au premier rang parla
ainſi : j'ai beaucoup voyagé, Madame;
mais je jure qu'aucun ange ne m'a jamais paru ſi beau ; pardonnez mon erreur, j'avoue avec honte que juſqu'à
préſent vous ne m'aviez pas encore
ſemblé ſi belle, ſi divine, comme en
ce jour. Quelle taille! quels traits! &
ces yeux! ah, fermez-les, Madame!
ou celui qui les regarde, meurt. Non
gentil ſinge, lui répondit la panthere,
ne me traitez pas de divinité, car,
en vérité, vous me faites rougir. Cela
me fâche, je vous jure; car vos paroles reſſemblent à la flaterie que je
hais ſouverainement.

Le renard, verſé dans les plus pro-
fondes ruſes, rehauſſa la beauté de
ſon eſprit & parla de connoiſſances,
de goût & de ſentiment, à quoi
la belle avoit beaucoup de pré-
tention. Car, on veut tirer vanité,
même de ce qu'on ne cherche pas à

acquérir : le renard , joüa son rôle si
adroitement , que le singe eut un rival
de finesse & de flaterie.

Le bouc avoua son amoureuse flamme , & dit qu'il n'osoit articuler ce
qui étoit l'objet de ses ardens desirs ;
que cependant il espéroit qu'une rencontre aux bois pourroit faire comprendre sa pensée. A demi-irritée de ce
discours audacieux, la panthere fronça
le sourcil ; néanmoins elle avoua que
des beautés comme elle pouvoient en-
flammer le cœur d'un bouc. Mais que
sa phrase étoit un peu grossiere.

Le cochon admira beaucoup sa propreté ; l'âne, sur-tout, étoit transporté
de sa légéreté. Tandis que tous tâchoient
de nourrir sa folie , & par leurs éloges
partageoient son amour , le cheval
dout le cœur généreux, méprisoit des
applaudissemens obtenus par des vils
flatteurs, rompit le silence avec une
fierté pleine de graces, & parla ainsi
tout indigné :

Quand les singes flatteurs jasent &

cajolent, ils méritent justement le mépris & la haine ; car la vertu est tournée en ridicule quand elle est applaudie par le fou qui grimace. Le renard artificieux loue votre esprit pour vous faire arriver à ses fins intéressées ; car, les fourbes font amitié pour trahir. Congédiez cette troupe de fous & de sots, & apprenez à vivre par les regles de la sagesse. Vôtre beauté pourroit échauffer le lion, si votre folie n'en rompoit le charme ; car qui voudroit courtiser vos appas pour être le rival d'un singe ?

Il dit, & ronflant de dedain, il détacha quelques ruades au milieu de l'assemblée & gagna la plaine.

FABLE III.

Le Rossignol & le Ver-Luisant.

LA prudente nymphe, dont les joues font colorées comme le lys & la rose rougissante, mettra ses charmes à l'abri de la vue publique & rarement paroîtra, dans la foule. Cette simple vérité la maintiendra sage : les plus beaux fruits attirent les moucherons.

Une nuit, un ver-luisant, fier & vain, contemplant sa queue brillante, s'écrioit : certainement il n'y a pas dans la nature une créature si élégante & si belle. Tous les autres insectes que je vois, la frugale fourmi, l'indus- trieuse abeille, ou le ver-à-soie, ne méritent que mes mépris, ainsi que toute cette troupe, basse & méchani- que, qui employe servilement tout son tems à des serviles occupations, & qui est ennemie de la joie & du plaisir. Pauvre & chétive engeance ! je ne puis vous regarder qu'avec dedain. Quant à moi, j'étois né seulement pour la grandeur ; je suis certainement issu de race divine. Vivre & briller, voilà ma seule fonction ; ce n'est que pour cela que j'ai été placé sur la terre. Ces lumieres qui brillent au - dessus de nos têtes, sont les vers-luisans du ciel ; & les Rois, sur la terre, n'admirent leurs diamans, qu'autant qu'ils imitent mes feux.

Ainsi, il parla. Attentif sur un ménu branchage, un rossignol préparoit sa chanson. Il vit le morceau brillant près de lui, & vola guidé par la clarté. Il le fixa quelque tems avec un regard sobre, & parla ainsi à la proie tremblante : Pauvre fou, gonflé d'orgueil, que tu es dans l'erreur ! Apprends que c'est ta beauté qui t'attire ton sort ; moins brillant, tu aurois pu être laissé plus long-tems sur la plaine véloutée sans qu'on fît attention à toi. Tôt ou

tard l'orgueil gémit & est couvert d'op-
probre, & la beauté cause le malheur de
celui qu'elle avoit comblé de ses dons.

FABLE IV.

L'Hymen & la Mort.

ATTENDEZ que j'aie seize ans, dites-
vous ? — Non, il est tems à présent ;
une autre année détruira vos charmes
& fanera les fleurs de votre teint ; —
mais attendez, il n'est pas encore tems
de prendre un parti. — Pourquoi donc ?
ma simple fille, êtes vous effrayée ? —
Contenez-vous un moment, si vous
pouvez & examinez avec attention cette
fable.

Les ombres avoient fuis ; le ciel
commençoit à rougir des premiers traits
de la lumiere ; les vents étoient ren-
fermés dans leurs antres profonds ; &
déja l'hymen, pensif & calme pro-

menoit, dans les champs, fa demarche
rêveufe & inquiete. Derriere lui, à
travers les ombres d'un bois verd, le
fpectre maigre & hideux de la mort,
regardoit attentivement le Dieu qui,
tout-à-coup, femblable à un géant, pré-
cipita fes pas & fe trouva près d'elle.
La converfation roula d'abord fur différens fujets; enfin, le trifte hymen
commença ainfi :

Impitoyable mort, au pouvoir tyrannique de laquelle il faut que tous les
mortels obéiffeut malgré leur réfiftance;
jufqu'à quand me plaindrai-je de ta
puiffance? Jufqu'à quand fraudra-t-il
que j'en appelle de tes jugemens trop
partiaux? Lorfque Cupidon bleffe deux
cœurs avec des dards égaux, ta faulx
cruelle fe joue de mes efpérances &
coupe le nœud que l'hymen avoit
formé.

Ta vengeance ne devroit-elle pas fe
contenter de pourfuivre l'homme audacieux & fanguinaire, le miférable
qui amaffe des tréfors, & l'infame

crapuleux

crapuleux tout fumant encore des remedes qu'il employe à ſes maux. Pourquoi ta fureur s'attaque-t-elle ſans
diſtinction au cœur doux & généreux ?

Le Monarque répliqua ainſi froide-
ment : péſe bien la cauſe, & alors décide.
Cet ami des vôtres, que vous venez
de nommer, Cupidon, doit ſeul être
blâmé. C'eſt lui qui mérite des reproches. Cet enfant pareſſeux néglige
ſon commerce, & à peine une fois
en vingt ans, conduit un couple à
votre Temple. Silene ou Plutus ſont
les ſeuls aujourd'hui qui y envoyent
les malheureux, qui ſont unis par vos
loix. Delà, les ſoucis, l'amertume &
les querelles accompagnent d'ordinaire
la vie conjugale.

Croyez-moi, dans toute l'eſpece humaine, ceux qui vous ſont dévoués ſont
ceux qui implorent le plus ma pitié, &
qui en reſſentent plus volontiers les
effets ; cependant on m'appelle cruelle
& infâme : moi qui cherche les malheureux pour venir à leurs ſecours,

le captif pour le rendre libre, & lui
ôter des liens que nul autre que moi
ne peut rompre.

C'est moi qui engage les malheureux
mortels à s'unir par un lien réciproque;
par moi vos autels couronnés fument;
car les audacieux humains risquent
l'engagement, bien sûrs que la mort
rompra leurs liens.

NOTE DU TRADUCTEUR.

LA morale en dialogue, qui est au commencement de cette fable paroîtra, sans doute, singuliere; la fable elle-même, qui est dans le genre
des nuits d'Young, est plus qu'aucune autre,
capable de caractériser le génie anglois. En général, la poésie angloise abonde en morale, &
elle est toujours présentée avec une force & une
simplicité que nos Auteurs françois admettent
rarement. Le sujet de cette fable paroîtra d'abord
un peu sombre; mais le sens moral en est bien
vrai, & il est présenté d'une maniere bien énergique. Il n'est que trop certain qu'il y a beaucoup de mariages malheureux; le peu de soin
qu'on prend pour assortir les caracteres, en est
la véritable cause: on se marie sans se connoître,

on est riche de part & d'autre, on croit que
cela suffit pour le bonheur ; étrange aveuglément !
le bonheur n'a-t-il pas sa source dans le cœur ?
Horace ne demandoit aux Dieux, pour être heureux, qu'une honnête aisance, une médiocrité
au-dessus du nécessaire : *Auream mediocritatem*.

Voici un passage, de Théocrite, qui
a beaucoup de rapport à cette fable,
il est de M. *Chabanon*, de l'Acadé-
mie Françoise, Auteur d'une traduc-
tion de Théocrite, en prose, à laquelle
il a joint une imitation, en vers, des
Ouvrages du même Poëte.

O mes amis ! le bon tems, l'heureux tems !
Quand' pour gagner le cœur d'une maîtresse,
Il valoit mieux posséder les talents,
Que les honneurs, le rang & la richesse.
Vous eussiez vu, dans ce tems fortuné,
Plus d'un amant par les arts couronné,
Aux dons flatteurs que la gloire dispense,
D'un doux hymen unir la récompense :
Présentement, ô bonte de nos jours !
Titres, honneurs, dignités, opulence,
Font le destin des plus tendres amours.
Lise, à quinze ans, de son nom dégoûtée,
Veut que l'hymen la produise au grand jour ;
Pour un amant, tout bas sollicitée,
Répond, tout bas : a-t-il rang à la Cour ?
Lise, avant tout, veut être présentée ;
Seule, elle y rêve & n'a plus d'autres soins ;
A ce projet, si le sort est contraire,
Lise a promis, (ô serment téméraire !)
De mourir vierge, ou fille tout au moins.
Quel tems ! hélas, quelles mœurs déplorables !

Je m'arrête à regret, mais je suis
bien sûr que tous ceux qui liront ce
passage feront tentés d'achever l'Idille.

Ce morceau est tiré de l'imitation,
en vers, de la septieme Idille, de
Théocrite.

FABLE V.

Le Poëte & son Patron.

POURQUOI, Célie, votre corset
est-il si lâche, si négligemment lacé ?
Pourquoi faut-il que votre robe, qui
enveloppe comme un lit, cache l'orgueil naissant de votre sein de neige ?
Combien mal orné votre tête cette
coëffure gâtée & chiffonnée par le
lit ! Un peu d'eau pourroit dissiper
ces nuages qui ombragent votre teint
fleuri ; ainsi, la nature, tous les ma-
tins, employe la rosée cristalline pour

N iij

purifier la rose ; ces tresses, aussi noires
que le corbeau, qui ondoyent en boucles
sur vos épaules, lorsqu'elles ne sont
pas peignées & qu'elles sont outragées
par la négligence, gâtent le visage
qu'elles ornoient autrefois.

D'où vient cet oubli total de parure ?
Dites-moi, je vous prie, Madame,
êtes-vous mariée ? — Oui. — A la
bonne-heure, mon étonnement cesse ;
vous n'avez plus de raison aujourd'hui
pour soigner votre coëffure ; le but est
gagné, votre fortune est faite ; votre
sœur, à présent, fera le commerce.

Hélas ! quelle pitié, de trouver ce
défaut dans la moitié de l'espece fe-
mele ! De là vient l'aversion, la dis-
pute & tout ce qui empoisonne la vie
conjugale. La beauté seule aiguisera
le dard ; mais, c'est la propreté qui
conduit droit au cœur (*). Abandon-

____

(*) La propreté, dit Richardson, l'égalité
d'humeur & la complaisance, sont des liens dont
un cœur amoureux ne sort jamais.

nez la propreté, & la beauté se débat pour entretenir une flamme vacillante.

Il est bien plus difficile de conserver une conquête, que de la faire. Admettez-nous une fois derriere l'écran, qu'y a-t-il au-delà à voir ? Un visage plus frais peut augmenter la flamme ; mais dans le fait, chaque femme est la même.

Appliquez vous donc à conserver le charme qui a fixé l'amour de votre mari, étudiez bien son humeur. Etoit-ce la parure qui donnoit à votre beauté le pouvoir d'être admirée ? Augmentez-là encore. Redoublez de soin & de propreté, c'est être vraiment ménager que d'être propre. Par-là, vous conserverez toujours sa passion vive & entiere, & l'aîle légére du tems, ne fera que souffler le feu, au lieu de l'éteindre.

Dans un grenier très-haut, à ce que dit l'histoire, un Poëte composoit des chansons harmonieuses. Ses vers étoient si doux & si moëlleux, que vous auriez

juré qu'Apollon & les Mufes étoient
là. La ville rétentiffoit de fes éloges,
on chantoit fes fonnets à la comédie.
Tournoyante au-deffus de fa tête la-
borieufe, la Déeffe néceffité, étendoit
fes travaux, & animoit d'un feu poétique, ce que Phébus lui avoit infpiré
négligemment.

Un jeune homme, d'une naiffance
illuftre, qui avoit du goût & de l'efprit, approuvoit les chofes ingénieufes
que nôtre Poëte avoit faites. Un jour,
l'ayant été voir dans fon dôme à toile
d'araignée, il l'en fit fortir, & après
avoir acquitté fon loyer, il l'emmena
& lui donna un logement dans fa
maifon. C'eft maintenant qu'il faut voir,
à une table fomptueufe, le Poëte feul
avec le Milord. Chaque jour il fait des
dîners délicieux, & boit avec avidité un
vin libéral. Ses côtes étoient enflées,
fa peau étoit liffe & unie, & l'abondance folâtroit fur fes joues. Etonnée
d'un changement fi nouveau, la Déeffe
qui l'infpiroit le quitta, & s'enfuit

bien loin de lui. Livré uniquement
à la politique & aux nouvelles, ſes
chanſons ſont négligées & les Muſes
languiſſent. Oubliant d'où ſa fortune
étoit venue, il étouffa le feu poétique.
Nûl conte, nûl ſonnet, pour Madame;
les ſatyres & les épigrammes n'étoient
déjà plus.

Réſolu de lui retirer ſes bontés, ſon
patron le vit avec un juſte mépris, &
plein de colere dans ſes regards; il
parla ainſi à notre fou, qui ſe repentit
trop tard.

Aveugle, envers la fortune qui
étoit venue te chercher, pourquoi un
de ſes rayons favorables a-t-il brillé
juſqu'à toi ? Réjoui de ton art harmonieux, mon cœur t'eſtimoit de plus en
plus, mais par une coupable noncha-
lance, tu as négligé le charme qui avoit
fait naître cette eſtime, & qui ſeul
pouvoit la conſerver.

Les fous, ſeuls, mépriſent les arts
& les talents auxquels ils doivent leur
premiere fortune.

FABLE VI.

Le Loup, la Brebis & l'Agneau.

LE devoir exige que l'aveu des parens confirme le choix de la fille ; par-là, les filles donnent une marque de leur obéiſſance ; mais il n'appartient qu'à elles ſeules de choiſir un époux.

L'homme féroce, s'appuyera de l'autorité des parens, & par des moyens vils & bas, recherchera une fille qui répugne à ſes embraſſemens. De-là, la vertu languit, & la poitrine, où la paix avoit conſtruit ſon nid profond, devient la demeure inquiéte des ſoucis, & ſeche de chagrin & de déſeſpoir.

Un loup avide, méchant & hardi, dont les butins nocturnes avoient éclairci le nombre des brebis, renfermées dans un parc, refléchiſſant ſur ſa mauvaiſe vie, & rassasié de vols, résolut de se marier. Son dessein étant connu, la race sauvage accouroit en foule pour briguer cette place, car c'étoit un loup très-puissant, & dont la gueule valoit un empire. Chaque mere amena sa fille favorite &, humblement demanda son alliance. Mais soit qu'il fût glacé par l'âge, ou qu'il fût trop difficile, aucune ne sut plaire à ses yeux.

Un jour, au lever de l'aurore, ayant traversé seul la plaine, il enleva, d'un parc de brebis, un agneau qui sautoit gaiement auprès de sa mere; Cupidon, ennemi des hommes & des bêtes, lui tira, dans ce moment, une fléche dans la poitrine. La race timide vit le voleur, & tremblante s'enfuit vers la prairie. Le loup, les atteignit dans leur fuite rapide, & courtois parla ainsi à la mere : demeurez la belle & suspendez votre peur, fiez-vous à moi, je ne suis plus votre ennemi. Ces mâchoires qui ont été si souvent imbibées de sang, sont enfin rassasiées de carnage. Un soin plus doux m'amene aujourd'hui, vaincu, pour me courber aux pieds de la beauté ; vous ayez une fille.—Pardonnez, ma douce amie , la pourfuite d'un loup.—Je ne vis que pour elle ; l'amour fort de fes yeux comme un éclair, & me brûle jufqu'à la moëlle des os ; confirmez mon choix par votre confentement, & approuvez notre joie nuptiale.

Faites attention à mes biens immenfes & à la grandeur de ma puiffance. Mon royaume s'étend au loin dans les champs. Quel voleur de nuit ofera envahir le troupeau parqué , fi j'en fuis le gardien ? A la maifon, le chien du berger pourra dormir , puifque je garderai le troupeau de fon maître.

Un tel difcours demandoit attention ; la grandeur & la puiffance du loup enflammoit le cœur de la mere ; à préfent fans crainte , elle marchoit à fon côté , parlant d'établiffement & de douaire. Elle propofoit & doubloit fes demandes , de champs fleuris , & de terres à navets. Le loup confent à tout.

Le

Le sein de la brebis est enflé de joie ;
elle annonce à sa fille son heureux sort,
& fiere de sa grande alliance, elle mé-
prise déja ses parens de la plaine.

L'agneau écoute, saisi d'horreur &
de crainte ; il fatigue sa mere par des
prieres réitérées ; mais en vain : une
maman sait bien mieux ce que doit
faire une fille sans expérience. Ainsi les
deux époux s'étant transportés dans le
pré voisin, un âne, après toutes les
formalités requises, les maria. La victime, nouvelle mariée, est arrachée
tremblante du sein d'une mere cruelle ;
elle résiste inutilement à de rudes em-
brassemens, & bêle au milieu des hur-
lemens. Avec horreur ses yeux envisa-
gent souvent ses parens du parc massa-
crés ; chaque jour, à la table du loup,
on sert une brebis & on découpe des
chairs palpitantes. Ses seuls alimens
sont des os fracassés & des ruisseaux
de sang appaisent sa soif.

L'amour qui déteste les cœurs cruels,

O

& qui n'habite que dans des ames douces, étoit banni depuis long-tems. La
jouiſſance paſſée, le ſauvage n'étoit
affamé que de feſtins; mais, (de même
que dans l'eſpece humaine, un maſque
cache un vilain viſage) de même, le
traitre, voulant immoler ſon épouſe,
qu'il avoit épargné juſqu'alors, ſe ſert
du voile de la juſtice pour autoriſer ce
meurtre affreux.

Un jour qu'il étoit ſorti pour chercher quelque proie, les chaſſeurs le
trouverent en chemin. La peur donne
des ailes à ſa fuite; il chercha un ma-
rais. Les chiens s'étant (*) mouchés
ſont mis en défaut. Son eſtomach
ayant été oublié, à préſent la faim
le ronge; hurlant, il remue ſa gueule
vuide; il a beſoin de nourriture; &
l'agneau eſt près de lui; il invoque
le menſonge le plus atroce. Eſt-ce là,

____

(*) Terme de chaſſe, qui veut dire, ayant
perdu la trace.

la douce vertu d'une épouse, s'écria-
t-il, diffimulant fa rage ? Liguée avec
les hommes qui détruifent notre race,
eft-ce à elle à me donner la chaffe ?
Par une rufe infâme, tu as fait connoître aux chiens la trace de mes pas.
Vile traîtreffe, en punition d'un tel
forfait, ton fang va affouvir ma rage &
tu périras dans les bois. En difant cela,
il fe jette fur l'agneau, & la victime
expire fous fes dents.

FABLE VII.

L'Oie & le Cigne.

JE hais le vifage, quoique beau, qui
porte un air affecté. Le ton graffeyant,
les manieres gênées, le parler érudié,
la paffion feinte, font des fottifes qui
ne fervent qu'à gâter ce qu'on s'effor-
çoit d'embellir.

Avec quelle grace fupérieure nous

enchante le visage que le pinceau de la nature a formé : où les yeux, non exercés par l'art, sont animés par le mouvement du cœur, où l'on voit imprimés, la franchise, la bonne humeur, la gaîté facile, & l'esprit : quoiqu'il n'y ait point de beauté parfaite, ni de maître infaillible, ni de physionomie accomplie, un tel visage nous transportera ; le moindre regard sera pour nous délicieux, & nous deviendrons enflammés à la premiere vue ; car, la beauté, quoiqu'approuvée de tout le monde, excite plus notre admiration que notre amour ; tandis qu'une figure agréable frappe à coup sûr, & fait des blessures incurables.

Pourquoi donc, ma chere ame, ce soin qui vous rend en effet moins belle, puisque la nature a empreinte sur vos joues une fleur qui est rivale de la rose, ou qu'elle a tirée de quelque image celeste, une forme qu'Apelle n'a jamais connue. Vos soins, mal imaginés pour ajouter à vos appas, vous rendront en effet moins intéressante, & l'art mercenaire vous dépouillera. Si par une erreur de la nature, votre mere vous avoit mis au monde avant terme, la nature, elle-même, rejeteroit encore les soins que vous prendriez pour vous ajuster, puisqu'ils ne feroient qu'augmenter vos défauts. Lorsqu'une femme, fiere de ses bijoux & de sa parure, paroît la premiere dans la foule, tout le monde la voit avec des yeux de travers & une mine rechignée. L'habit recherché attire les regards & grossit la difformité.

La nature sera quelquefois moins prodigue de ses dons, mais rarement elle a besoin du secours de l'art. Fiez-vous à elle, elle est votre plus sûre amie ; elle n'a pas formé votre visage pour qu'il ait besoin de parure.

Une oie, vaine, frivole, affectée, la plus glapissante de toute la traînée gloussante, avec une crête fiere & élevée demandoit la préséance au - dessus de tous les autres animaux.

Je me joue de l'espece humaine, disoit-

elle , qui prétend que les oies boitent dans
leur marche ; regardez moi : quelle médi-
sance! quel mensonge! l'homme présomp-
tueux n'est pas si droit que moi. Voyez
ce paon-là ! ah Dieu ? combien les créatures sont curieuses de sa queue étalée
& brillante ! si tous étoient dépouillés,
je gage ma parole que l'oie seroit le plus
beau des oiseaux. La nature pour cacher
ses propres défauts couvre d'ornements
son ouvrage mal fait. Si les oies avoient
moitié de cette parure ; les hommes, à
coup sûr, n'admireroient plus les paons.

En se vantant ainsi, elle traverse le pré
majestueusement. L'espece gloussante
cherchoi tla promenade ; le soleil du midi
dardoit ses rayons sur les eaux ; les ci-
gnes jouoient dans le courant ; leurs
plumes de neige & leur noble fierté pro-
voquoient sa colere. Quoi ! encore ici
de l'atrogance, s'écria-t elle? Voyez ces
créatures ! comme elles m'imitent ! tous
les oiseaux écumeront-ils les eaux, parce
que les oies sont connues pour nager ?
Ils apprendront bientôt à être plus hum-

bles, & à connoître leur propre bêtise. A ces mots, les ailes étendues, elle saute légérement dans l'eau ; son sein enfle, elle étend ses plumes, & avec fierté prend la crête du cigne. Le mépris & la moquerie s'en suivirent, & des éclats de rire agiterent les flots

Un cigne, supérieur aux autres, leva sa tête au-déssus des eaux & parla ainsi au fou :

Animal impertinent & enflé d'orgueil, ton arrogance se moque de tout ; ces airs méprisans font voir ta bêtise & te montrent pleinement comme tu es. Parmi tes égaux du troupeau, tu as échappé la moquerie publique, & malgré tes imperfections, oie boiteuse, tu as été réputée honnête. Apprends ici à étudier les regles de la sagesse. Sache que l'orgueil & l'impertinence font l'appanage des fous, & que la nature cherchant à cacher ses défauts, vous seuls les revelez.

FABLE VIII.

L'Homme de loi & la Justice.

AMOUR, tu es le plus grand bien de l'homme sur la terre ; mais combien peu connoissent tes pures délices ! nos cœurs rebelles désavouent ton empire, tandis que le tyran de l'incontinence usurpe ton trône.

Le Dieu bienfaisant de la nature, a fait les sexes pour s'aider l'un l'autre, pour employer leurs talens mutuels à diminuer les maux & augmenter les biens. Aux femmes, plus foibles, il a assigné cette douce gentillesse d'esprit qui peut, par sympathie, se communiquer au cœur le plus sévere. Ses yeux ont été doués d'un pouvoir magique pour aiguillonner le péfant, & tenir en respect le téméraire. Sur son visage, il a répandu avec profusion tous les char-

mes des fleurs, & il a imprimé, pour
étendre la perfection, sa plus douce
image sur le limon dont elle est paitrie.

L'homme actif, bouillant & intrépide,
a été formé dans un moule différent.
Son esprit est dressé aux arts utiles., sa
poitrine est échauffée de plus nobles passions ; l'Etre Tout-Puissant lui a donné
la science, le goût, le sentiment, & le
courage pour la defense de la beauté.
La complexion délicate de la femme,
incapable de résister aux outrages, dè-
mande protection au fort ; elle fuit vers
l'homme quand elle craint les armes,
& vole vers le temple ou dans ses bras.

L'homme donc, qui par l'auteur de
la nature, a été déclaré le souverain de
la femme & son défenseur, triomphèra-
t-il, par ruse & par perfidie, de la foiblesse qu'il devoit secourir ? Tandis que
la beauté, donnée pour inspirer l'amour
protecteur & les doux desirs, allume un
feu sauvage dans le cœur, aiguise le
dard contre son propre sein, & devient

l'indigne prétexte du ravisseur, pour triompher de l'innocence.

Le loup qui déchire l'agneau, n'a pas été établi par la providence pour garder les parcs, ni le tigre pour prendre soin des voyageurs de nuit. Mais l'homme, la plus féroce des bêtes de proie, vêtit la ressemblance de l'amitié pour trahir, emploie sa force contre le foible, & où il devoit protéger, porte la destruction & la ruine.

Le veilleur crioit qu'il étoit minuit (*);

――――――――――――――――

(*) A Londres il y a des vieillards qui font la patrouille, & qui crient à toutes les heures de la nuit l'heure qu'il est, le tems qu'il fait. Ces vieillards, qui sont en très-grand nombre, puisqu'il y en a un à chaque bout de rue, dorment dans les intervalles où l'heure sonne, ou sont à boire dans des tavernes. Ainsi ils sont d'une très-foible ressource pour les voyageurs de nuit qui s'en retournent rarement chez eux sans être volés.

On a eu, il y a quelques années, le projet d'établir à Londres une garde comme à Paris ; mais le Parlement s'y est opposé. L'amour excessif d'une prétendue liberté à fait rejeter ce projet utile.

l'homme de loi, studieux, travailloit son extrait, calculoit le produit de son ouvrage & se promettoit d'être le premier, à la pointe du jour, au Palais de Justice. Soudain un vent furieux s'éleve, la fenêtre ébranlée tombe en éclats, les portes gémissent & sortent avec fracas de leurs gonds. La Justice, dans un tourbillon de lumiere, découvrit à l'homme de loi sa forme brillante & radieuse.

Le malheureux, saisi d'une horreur frédonnante, perdit toute jointure, & devint pâle & blême. N'ayant jamais vu la Justice dans les Cours, & ne l'ayant point trouvée mentionnée dans les rapports, il demanda, avec une langue balbutiante, son nom, le sujet de son message, & d'où elle venoit.

L'ombre vêtue de blanc, dont le visage étoit teint de feu cramoisi, repondit d'un air sévere : peux-tu douter qui je suis ; la Justice est-elle devenue un nom si étrange ? Vos Cours n'ont-elles pas été établies pour la Justice ? c'étoit-là autrefois que brilloient mes autels, c'eft moi qui t'ai choifi pour mon gardien, pour protéger mon temple facré; pourquoi donc, vous & toute votre clique vénale, avez-vous chaffé la Divinité pour des préfents ? les clients ruinés crient à haute voix, que la Juftice n'a ni yeux ni oreilles. Quoique je fois en pleine alliance avec le barreau, le Juge me dénonce la guerre, & fes arrêts ne fortent jamais qu'avec intention de me détruire.

Elle s'arrêta, fa poitrine étoit enflammée de colere, l'homme de loi tremblant répondit : j'avoue que l'accufation eft bien fondée, & que je ne puis alléguer que de foibles excufes. Néanmoins parcourez le globe fpacieux & voyez fi toute l'efpece humaine ne me reffemble pas.

Les miniftres de l'Eglife trafiquent des chofes facrées, & trompent les hommes qu'ils devoient éclairer.

Le docteur, avec un regard important, raifonne fur la maladie & l'embrouille

brouille par un deſſein artificieux : il abrege ou prolonge le mal , ſuivant ſes intérêts , pour mettre à contribution le malade.

Le ſoldat fier, de pluſieurs cicatrices, & rouge encore de ſang & de carnage, vole à la guerre ; mais , il trahit ſa patrie, ſi l'ennemi lui offre une double paye.

Puiſque le vice domine tous les hommes & que l'intérêt ſeul tient la balance, dois-je être meilleur que les autres ; et loger la juſtice dans mon cœur ? d'un côté ſeulement prendre mes droits, & me contenter de la pauvreté & de toi ? L'ombre irritée répartit : tu es aveugle de ſens, & vil d'eſprit ; ſi la vertu eſt bannie du monde , les fautes des autres excuſeront-elles les tiennes propres ? Le prêtre a été fait pour les ames malades ; le médecin pour ſecourir les corps ; le ſoldat pour défendre la liberté ; hommes, femmes, & l'homme de loi , ont été faits pour maintenir la Juſtice. Si tous ſont infideles à leurs engagemens, tu n'en es pas moins injuſte ; déſormais

P

je défavoue vos arrêts & j'en ôte la
fanction de mon nom : dans vos cours
il fera lu, que Juftice eft bannie de la
loi. Ayant ainfi parlé, elle cacha fon
vifage dans l'ombre.

FABLE IX.

Le Fermier, l'Epagneul & le Chat.

POURQUOI, ma chere, fronçez-
vous le fourcil ? Pourquoi cet air chagrin ? Quelle cruelle offenfe vous irrite
aujourd'hui ? J'ai dit, il eft vrai, que
Délie étoit belle ; mais j'ai dit feulement
qu'elle vous égaloit. Ne faurois-je louer
le vifage d'une autre, ou dire que je
l'aime pour fes vertus, fans qu'auffi-tôt
votre front ne fe ride, comme fi le
mérite d'autrui diminuoit le vôtre ? ne
ferez-vous jamais exempte d'envie femelle ? Et faut-il que tout le monde
foit aveugle parce que vous voyez ?

Promenez vos regards fur les champs,
les jardins, & les berceaux, les bou-
tons, les fleurs des arbres, & les autres fleurs ; alors, dites-moi, où croît
le chevre - feuille, qui le difpute à
la rofe pour la douceur de fon parfum ?
Où l'on trouve le lys d'une blancheur
de neige qui offre tant de beautés à la
vue ? Néanmoins il y auroit de la folie
à déclarer que ces fleurs n'ont ni douceur
ni beauté. Le criftal brille d'un éclat
plus foible, près du feu étincelant du
diamant ; & les fots diront que le diamant fe ternit devant l'éclat de vos
yeux. Mais moi, qui abonde en vérité,
j'affure que ni l'un ni l'autre ne brille
où vous êtes.

Quand les zéphirs voltigent fur les
fleurs & parfument l'air d'alentour, ne
faurois-je humer le vent frais odorant,
parce que votre haleine a plus de douceur encore ?

Douces font les fleurs qui parent les
champs ; douce eft l'odeur que produit
la fleur des arbres ; doux eft le vent

qui souffle en été; & douce est la rose quoique moins douce que vous.

L'envie tourmentera-t-elle votre cœur, parce que vous êtes plus aimable que toute autre ? car, tandis que je donne à chacune ce qui lui est dû, en les louant je vous flate, & plus je les loüe & dis qu'elles sont belles, plus je vous déclare la plus belle.

Tandis qu'un fermier, assis à table, se rassasioit de mets simples & bons, son épagneul favori étoit près de lui & partageoit la nourriture avec son maître. Ses machoires broyoient les os & sa langue nétoyoit les plats. Quand il eut pris une nourriture suffisante, il demeura oisif & appésanti par les fumées du repas, il alla ronfler.

Le chat, affamé, s'approcha à son tour, & humblement demanda la part d'un serviteur : le maître touché de son maintien modeste, lui jeta un morceau gras. Irrité, le chien s'éveilla en grou-

dant, & plein de dépit & de jalousie,
parla ainsi :

Ceux-là seulement, ont droit de man-
ger, qui gagnent leur nourriture par
leurs services. Quant à moi, le zele
& l'industrie m'animent pour parcourir
les champs & engager la chasse; où,
plongé dans les eaux froides, je vais
chercher l'oiseau blessé par l'homme.
Avec un soin infatigable je garde, le
jour & la nuit, son troupeau contre
les loups qui cherchent leur proie. A
la maison j'assure son repos pendant la
nuit & j'écarte les voleurs de sa porte.
Pour cela, son cœur est plein d'amitié ;
pour cela, sa main me donne la nourriture : quoi ! ton indolence communi-
quera-t-elle une amitié plus chaude à son
cœur, afin qu'ainsi il me vole ce qui
m'est dû, pour bien nourrir un aussi
vil animal que toi ?

J'avoue, répondit le chat avec douceur, que le mérite supérieur est de
votre côté & mon cœur n'est point en-
vieux de le voir si bien récompensé.

Cependant, dans tout ce que ma nature peut, je contribue au bonheur de l'homme ; ces griffes détruisent les souris voleuses & chassent la vermine de la maison ; je veille tandis que le paysan travaille & j'assure le grain contre les rats cachés. Pour cela, s'il me récompense, pourquoi votre cœur est-il plein de fiel ? Pourquoi êtes-vous si chagrin de voir mon bonheur, puisqu'il y a assez pour vous & pour moi ? Ce que tu dis, est juste, s'écria le fermier, & il chassa loin de lui le chien qui montroit les dents.

FABLE X.

L'Araignée & l'Abeille.

La nymphe qui se promene dans les rues publiques & qui salue tous ceux qu'elle rencontre, attrapera le fou qui se détourne pour la voir de plus près ;

mais les hommes fenfés éviteront le
piége.

Ma Lidie , lorfque vous vous arrêtez
fur le bord d'une riviere , avec une ligne
de foie , je ris de voir les peines que
vous prenez pour couvrir l'hameçon
frauduleux. Si nous nous égarons dans
les forêts , vous voyez l'enfant , tendre
fes gluaux ; notre rencontre lui caufe
de l'inquiétude , en devinez-vous la
raifon ? Il craint que par mégarde nous
n'approchions de trop près ; car , aufli-
tôt que nous fommes loin du buiffon ,
la linotte voltige fur les branchages.
Ne voyez-vous pas qu'il faut une égale
adreffe pour tromper le frétin écaillé &
la race emplumée ; & croyez-vous qu'il
faille moins d'art pour captiver le cœur
humain ? La fille modefte qui voile fes
appas , ne fauroit les cacher tous , &
l'imagination la repréfente-t-elle qu'étoit
la Vénus de Grece. A commencer par
les feuilles de figuier qui enveloppeient
la premiere femme , tous les vêtemens
ont eu pour but d'éveiller l'imagination.

qui demeure bien plus enchantée de ce
que cache la nymphe timide.

Quand Célie se promene avec un air
affecté pour séduire les hommes, elle se
fait voir beaucoup trop pour exciter les
desirs : mais en s'enveloppant dans sa
robe, depuis la tête jusqu'aux pieds,
elle a pouvoir de blesser.

L'œil distrait, le sein découvert, le
rire de côté, l'air badin, attraperont
le sot ; car, les goujeons se prennent à
l'hameçon nud, comme à l'amorce, tandis que le saumon joue avec l'appas &
semble le mépriser ; jusqu'à ce que l'art,
autant que la nature, lui apprenne à
fuir.

Sous un chaume grossier de paysan,
depuis long-tems une araignée avoit
placé son guet. Du matin au soir, avec
un soin infatigable, elle ourdissoit sa
toile & dressoit ses pieges. Dans les limites de son empire, sont étendus morts
grand nombre de captifs, que leur négligence a fait tomber dans le piége,

ou qui ont été pris en volant, & en se
débattant dans les toiles, pour rompre
leurs chaînes & éviter ses rufes.

Une abeille s'étant arrêtée par hafard
tout auprès, la regarda avec un air
de mépris & commença ainfi : Chétif
animal, arrête & ceffe de mettre en
ordre tes filets déliés. Une mouche in-
confidérée, ou deux au plus, voilà
toutes les conquêtes dont tu peux te
glorifier ; car les abeilles fenfées évitent
tes artifices, elles voyent trop diftiuc-
tement les filets qui font tendus.

La tulippe, affeétée qui développe &
étend fon feuillage, pour être examinée
foigneufement ; qui offre fes charmes
à tous ceux qu'elle voit, & qui cede à
chaque folâtre zéphir, ne m'attire point ;
je cherche les lieux où croit la rofe
modefte, que la pudeur fait rougir, &
qui eft gardée par les épines ; tranfporté
d'amour, je voltige autour d'elle, ou je
me repofe fur fon fein odorant ; elle
refifte en vain à mes embraffemeuts.

& en rougissant elle exhale ses parfums.

Prêtez attention aux discours des gens sages, & apprenez cette leçon d'une amie ; celle qui s'éloigne avec modes- tie, augmente l'ardeur de ses amants ; tandis que des imprudents, comme vous, détruisent leur propre plan par leur ex- travagance.

FABLE XI.

Le jeune Lion & le Singe.

IL est vrai, je blâme le choix de votre amant, quoiqu'il ait pour lui l'o- pinion publique. Je deviens chagrin & malade d'entendre ses exclamations, oh qu'elle est belle ! Je n'aime point à entendre compter les délices extrava- gants, & les transports des nuits atten- dues. Que me fait à moi votre amas de charmes, la blancheur de votre col & de vos bras ? N'y a-t-il pas d'autres choſes plus eſſentielles à acquérir, pour fermer la porte aux querelles ? Oui, ſans doute, paſſez une quinzaine de jours & vous trouverez que toute beauté raſſaſie hors celle de l'ame.

L'eſprit & la bonne humeur ont toujours été regardés comme les meilleurs liens pour fixer l'amour. Cependant Philis, la plus ſimple de votre ſexe, vous n'avez jamais réfléchi à cela ; n'ayant jamais cherché, comme les ſinges, qu'à vous parer au-dehors, n'ayant fait attention qu'à ce qui brille à l'extérieur dans la forme humaine. Ce n'eſt pas que la coquetterie ſoit votre goût dominant, mais c'eſt qu'elle aiguillonne le cœur de votre amant. Demain vous réſignez l'empire, préparée à honorer & obéir. La maîtreſſe, qui eſt un vrai tyran, change pour la vie & prend le ton ſoumis d'une épouſe.

Si vous le pouvez, ſuſpendez vos folies & écoutez les conſeils d'un ami ; quoiqu'avec répugnance, prêtez l'oreille

aux premieres inſtructions, réfléchiſſez
ſouvent avant de répondre, oui ; mais,
une fois votre réſolution priſe, banniſ-
ſez le déguiſement & portez vos ſouhaits
dans vos yeux. Evitez avec précaution
tous les regards qui pourroient faire
naître une crainte jalouſe, ou bleſſer
un cœur généreux. Confondez les eſ-
pérances naiſſantes d'un amant ; mépriſez
ces artifices de jeunes filles, qui ne ſer-
vent qu'à tourmenter les hommes, &
n'uſez de votre pouvoir que pour plaire ;
car les fous ſeuls commandent avec
rigueur quand tôt ou tard ils doivent
obéir.

Le roi des animaux, ſur la fin de
ſes jours, prit le parti de réſigner l'empire. Les bêtes furent aſſignées pour
comparoître & fléchir devant l'héritier
royal ; elles vinrent : un jour fut fixé,
& la multitude ſe courba devant le futur
monarque. Un ſinge étourdi, vain &
hardi, ſe retira à l'écart, & parla ainſi
à la troupe : Pourquoi ramper, mes
amis,

amis, avec une crainte fervile devant
ce pompeux roi de paille ? Anticiperons-
nous l'heure & reconnoîtrons-nous fa
puiffance, avant d'y être affujettis ? Sachez apprécier les confeils de l'expérience ; je connois les maximes de la fageffe : fecouons le joug & vivons les
monarques de ce jour. C'eft à nous,
qui avons les mains vuides, à regimber
& à jouer le tyran chacun à notre tour.
Par-là, il faura difcerner le jufte de
l'injufte, & il connoîtra la pitié par l'op-
preffion ; il apprendra à compâtir aux
maux des autres & (*) à écarter les
malheurs que lui-même aura éprouvés.

Il parla ! Son fein étoit enflé d'orgueil.
Le jeune lion répliqua ainfi :

Quelle folie te porte à provoquer
ma colere, & à aller au-devant du coup

(*) C'eft le fens de ce vers de Virgile :

Non ignora mali, miferis fuccurrere difco.

Qu'on peut traduire ainfi :

L'épreuve du malheur, nous rend compâtiffans.

Q

qui te menace ? Misérable fou ! Les in-
justices peuvent-elles inspirer la pitié au
cœur sensible, ou engager l'ame géné-
reuse à répandre les bienfaits ? Peuvent-
elles exciter la main à donner, ou l'œil
à pleurer ? Instruit dans la pratique des
écoles des femmes, c'est chez elles que
tu as puisé tes préceptes. Retourne vers
elles ; dans une telle cause, attends d'elles
seules des applaudissemens. Je ne con-
damnerai point le sexe partial pour
aimer ceux qui les copient.

Veux-tu maîtriser le lion généreux,
sois bon & honnête, & ta douceur l'en-
gagera à être doux & bienfaisant. Les
bons offices attirent les bons offices ; &
le paiement ne diminue point la dette.
Avec une main prodigue il répand le
bien qu'il reçoit des autres ; ou, pour le
mal, donne ample retour & paye avec
intérêt mépris pour mépris,

FABLE XII.

Le Poulain & le Fermier.

DITES - moi, Corine, si vous le
pouvez, pourquoi vous ayez tant d'a-
version pour les hommes; pourquoi vous
êtes si reservée vis-à-vis d'eux. La nature, prodigue de ses soins, n'a-t-elle
formé votre beauté sur son meilleur mo-
dele qu'afin, qu'ingrate à son égard,
vous vous moquiez de ses dons & resis-
tiez à ses loix, & que, comme un avare,
vous reteniez cette abondance, qui rend
plus heureux quand on la communique
& qu'on en fait part?

Le don de la beauté a été assigné par
le ciel pour le lot de l'espece femelle;
c'est pour cela que la fille, en se donnant,
cherche la protection dans les bras de
son amant; & quoique cette beauté s'af-
foiblisse par le cours des ans, le souvenir lui dit que cela fut une fois payé.

Voulez-vous donc cacher vos richesses, afin que les années les rouillent, & que le tems les derobe, & passer l'été de votre jeunesse, étrangere aux jouissances de l'amour. Lorsque l'hiver de la vie, qui s'avance à grands pas, sera venu, & que le bel héritage de jeunesse sera passé, n'ayant point de douaire pour rechercher quelques bras de paysan, pour préserver de malheurs votre âge flétri, nulle titre de reconnoissance pour échauffer sa poitrine, (car la fleur de la beauté ne se possede qu'une fois) combien vous maudirez cet orgueil obstiné qui a conduit votre barque à travers les courans, & faisant voile devant le vent de la folie, a laissé derriere, le sentiment & le bonheur. Corine, de peur que ces boutades ne prévalent; pour celles qui vous ressemblent, j'écris ma fable.

UN poulain, l'élite de l'espece courante, pour sa beauté & son courage, vain & fier de sa jeunesse vigoureuse &

de sa noble prestance, refusa de se
soumettre au frein. En vain la science
des valets officieux domptoit son orgueil & s'opposoit à ses volontés : en
vain les soins du maître, qui le formoit,
le retenoient par des menaces, ou l'a-
doucissoient par des prieres ; fier de sa
liberté, & méprisant l'homme, il cou-
roit comme un sauvage à travers les
plaines spacieuses.

Par-tout où la nature étend ses superb-
bes tapis de fleurs dans les prés, & où
les ruisseaux coulent avec un doux mur-
mure, il coupoit la tige des jeunes ar-
brisseaux & des fleurs, & dédaignant
les limites, il portoit au loin le pillage
& se plaisoit dans le dégat.

Il passa ainsi l'été dans l'abondance,
l'hiver revint enfin ; les arbres ne donnent plus d'abri ; la verdure se fane
dans les champs ; une neige continuelle,
couvre la terre ; les ruisseaux sont re-
tenus par des chaînes de glaces ; le froid,
les vents piquans & la grêle bruyante
assaillissent ses côtes maigres & non

abritées. Aussi loin qu'a pu percer son
œil triste & abbatu, il a vu s'élever
les cabanes couvertes de chaume ; cette
vue a rempli son cœur de joie & il
s'est promis une délivrance prochaine.
Une étable, autrefois l'objet de sa haine
& de ses mépris, étoit devenue à présent sa retraite desirée. Sa fougue ral-
lentie, son orgueil oublié, il ne demandoit que d'être reçu dans la basse-
cour d'un fermier.

Le maître vit son état malheureux,
ses membres qui chanceloient sous son
poids ; il le mena amicalement à l'étable & il le vit couché, soigné & nourri.
Il demeura toute la nuit dans un repos
paresseux. A la pointe du jour, les valets
se levent, le marché les appelle ; le long
de la route il faut que son dos porte la
charge pesante ; en vain, il resiste,
on se plaint ; des coups continuels
sont la récompense de ses peines. Les
fatigues du lendemain ne font que variées : attelé à la charrue, il sillonne

la terre; tandis que de minces repas, vers le soir, payent les travaux pénibles du jour.

Dompté par la fatigue, rongé de chagrin, il se faisoit à lui-même ces reproches: malheureux que je suis, disoit-il, en soupirant! Guidée par arrogance & par folie, ma rétive jeunesse m'a porté seulement à suivre les leçons que la nature a enseigné, & comme anciennement mes ayeux ont remporté le prix sur tous les autres coursiers, de même alors j'étois estimé par-dessus tous. Pendant ce tems les hommes m'ont donné des louanges & des récompenses, & les femmes ont couronné les derniers momens de ma liberté. A présent une servitude continuelle est mon lot. Ma naissance est méprisée, mon courage est oublié. Je suis condamné par mon orgueil à traîner une vie mourante d'années en années.

FABLE XIII.

Le Chat-Huant & le Rossignol.

POUR connoître le véritable caractere, d'une femme, voyez si ses filles sont nettes & propres. Si Betty demeure sans son corps de jupe, elle copie ce que fait sa mere. Quand mademoiselle entre avec des cris furieux & ne fait aucune revérence en sortant, comptez d'après cela que sa maman ne fait que lire ou boire.

Si une bouteille de bierre ayant appaisée sa soif, elle est emportée par une fureur enthousiaste, & brûle d'un violent desir d'hériter des dons & des ouvrages de l'esprit; si la science fend son cerveau qui a des vertiges; il ne reste de remede que la mort. Calculez tous les différens malheurs de la vie & tous sont doux en comparaison d'une telle femme. A la maison, elle se vante d'un esprit supérieur & reproche à son mari ses défauts. Ses descendans couverts de guenilles, l'entourent, & semblables à des porcs se vautrent sur la terre. Toujours impatiente de contrôler, elle ne connoît point l'ordre & ne suit que son caprice. Son plancher, qui ressemble à celui d'un étable à porcs, est couvert de livres d'auteurs sans nom, qui n'ont jamais été lus: du linge sale, des cotillons, de la dentelle, remplissent l'espace intermédiaire. Au dehors, quand elle fait des visites, sa langue n'est jamais en repos, & est toujours injuste. Elle définit toutes les pensées, & ce qu'elle dit est toujours faux & extravagant.

Si par hasard elle rencontre une personne douce & aimable, habile dans l'art utile de conduire sa maison, qui fait son unique occupation de sa famille, & qui y bâtit le temple du contentement, elle s'irrite contre de telles erreurs; & s'écrie : ah Dieu ! sauvez-nous ! quelle créature !

Mélisse, si la morale est frappante, vous trouverez que la fable ne l'est pas moins.

Un chat-huant, fort content de lui-même & bouffi d'orgueil, aimoit la science plus que sa nourriture, il thésaurisoit des vieux manuscrits & visitoit toutes les boutiques d'épicier. On savoit qu'il avoit son logement chez un patissier, & que pour sa science il dépouilloit chaque pâté. Il avoit lu tout ce qu'a écrit Blackmore ; il avoit une connoissance si profonde des ouvrages de Curl, que ses tresors savans lui étoient propres. Il étoit accueilli chez tous les auteurs, & quelquefois vouloit corriger leurs ouvrages. En logique, il avoit acquis tant de connoissances que vous auriez juré qu'il étoit membre d'un collége : de même pour chaque art son génie audacieux faisoit défi aux plus habiles, & il avaloit la science avec la même vîtesse qu'un bourgeois avale des pâtés dans une fête.

Dans le réduit d'un bois, un soir, comme il s'étoit arrêté en rêvant, un rossignol qui étoit près de lui, perché sur un petit feuillage, commença sa chanson : il tressaille aussi-tôt transporté de colere, & l'interrompt par ses cris. Animal vif & remuant, s'écrie-t-il, cesse tes airs & laisse prendre l'essor à mes contemplations. Quelle est l'harmonie de ta voix ? Si ce e'est un bruit discordant & un faux accord. Sois sage, la vraie harmonie ne s'est jamais trouvée dans le gosier, mais dans l'esprit ; on n'y atteint point par de vuides ramages ; mais on l'acquiert par une étude laborieuse. Vas, lis les auteurs que Pope critique ; sonde la profondeur des Odes de Cibber ; cultive ton esprit par la lecture des pieces modernes du théâtre ; lis tout ce que le savant Henley a écrit, & s'il faut absolument que tu chantes, chantes donc, & en imitant les hommes, tâche d'être leur rival. Par ce moyen tu deviendras savant comme moi, & tu amélioreras ton espece.

Que tu es digne de pitié ! s'écria le petit chanteur, tu es plein d'ignorance & d'orgueil. Interroge tous les oiseaux, & ils déclareront qu'un plus grand fou n'a point encore paru dans les airs. Réfléchis sur toi-même, & examine quels sont tes talens. La science n'a jamais été faite que pour les hommes. Les auteurs qui n'ont point de sens ne me tourmentent gueres. Je ne pense qu'à mon devoir, & je ne m'occupe que de mon nid. D'une aile soigneuse, je protége ma jeune famille, & les soirs je la réjouis par mes chansons ; j'abrége le chemin du voyageur fatigué, & je lui chante des airs tendres & harmonieux.

Ainsi, en suivant la nature & ses loix, je suis également applaudie & par les hommes & par les oiseaux ; tandis que nourri de pédanterie & de bêtise, un chat-huant est méprisé, tout-à-la-fois, des uns & des autres.

Fin.

TABLE.

TABLE.

TABLE DES FABLES.

FIN.